나는 자랑스런
미술쌤입니다

1등 미술학원을 경영하는 실전 노하우

1등 미술학원을 경영하는 실천 노하우

나는 자랑스런 미술쌤입니다

제1판 제1쇄 인쇄 2019년 06월 10일
제1판 제1쇄 발행 2019년 06월 20일

지은이 이혜진 **발행인** 조헌성 **발행처** (주)미래와경영
ISBN 978-89-6287-198-2 13320 **값 17,000원**
출판등록 2000년 03월 24일 제25100-2006-000040호
주소 (08590) 서울특별시 금천구 가산디지털1로 84, 에이스하이엔드타워8차 1106호
전화번호 02) 837-1107 **팩스번호** 02) 837-1108
홈페이지 www.fmbook.com **이메일** fmbook@naver.com

■ 좋은 책은 독자와 함께합니다.
　책을 펴내고 싶은 소중한 경험이나 지식, 아이디어를 이메일 fmbook@naver.com로 보내주세요.
　(주)미래와경영은 언제나 여러분께 열려 있습니다.
※ 이 책은 〈미술교육에 경영을 입히다, 2013〉의 개정판입니다.

1등 미술학원을 경영하는 실천 노하우

나는 자랑스런 미술쌤입니다

미래와경영

나는 미술쌤이다. 아니, 미술쌤이었다. 대학 시절 학비 마련을 위해 홈스쿨을 시작했고 몇 년간 홀로 고군분투하며 300명 규모의 대형 미술학원 원장이 되었다. 얼마 후 원장이라는 직함을 내려놓은 뒤 미술교육연구소의 대표가 되었고, 지금은 미술 콘텐츠 개발과 가맹사업을 겸하는 회사의 대표이사로 있다.

앞으로 또 몇 년 후면 나는 어떤 모습일까? 분명한 것은 지금보다 더 나다워지고 조금 더 성장한 모습일 것이라는 것. 어떤 자리에서 어떤 직함을 가지고 있든 그건 중요하지 않다. 지금껏 추구해 온 나의 삶은 어제보다 1mm라도 앞으로 나아가는 것이었다. 언제나 주변에 함께하는 이들이 있었기에 그 성장을 공유할 수 있었다. 물론 그것만으로 이미 충분한 행운이고 어느 정도 성공한 인생이라 생각하지만 아직 이루고 싶은 꿈이 있으니 이 경주를 멈출 수가 없다.

사실 동료 미술 교육인을 향한 나의 오지랖은 지금껏 걸어온 행보에 가장 큰 밑거름이 되었다. 어쩌면 짝사랑인지도 모르겠다. 아이들에게 미술을 가르치면서 너무나도 순수하고 천진한 호기심 어린 눈빛에 반해 힘든 줄도 모르고 일하다 보니 어느새 학원이 크게 성장해 있었다. 그러면서 시간이 지날수록 그 애정과 관심은 함께 아이들을 가르치는 동료 쌤들에게로 번져가고 있었다. '나'의 성공보다 '우리'의 성공을 갈망하게 되면서 나의 꿈과 계획은 점점 구체화되어 갔다. 열악한 환경에서 일하고 있는 수많은 미술 교육인과 함께 희망을 나누겠다는 열정과 꿈으로 도전한 시간 동안 몸소 부딪혀가며 터득한 노하우를 공유하며 도움을 주겠다는 의지가 없었다면 지금의 많은 성과는 아마 실현되기 어려웠을 것이다.

전 세계 어느 나라보다도 교육에 지대한 관심을 보이는 대한민국. 사교육의 규모와 발달 수준이 그야말로 타의 추종을 불허할 정도인 이 나라에서 미술 교육계의 현실은 어떨까?

정답이 없는 미술 수업, 수치화하기 힘든 미술 창의력, 내신과는 동떨어진 주관적 평가의 과목, 체계화와 정형화되지 않은 교육과정이다 보니 선생님의 창조적인 기량이 더욱 뛰어나야 하는 미술 교육이지만 학생이 하기 싫을 때, 시간 없을 때, 불경기일 때 그만두는 1순위이다. 그래서 넘치는 패기로 미술 교육에 첫발을 내딛은 새내기 선생님부터 십수 년간 학원을 운영해 온 경력자 선생님까지 모두가 이런 참담한 현실을 피해 가기 어렵다.

나 역시 힘든 여건과 수시로 터지는 문제들, 지식과 경험 부족으로 혼자 극복하기 어려운 순간이 많았다. 하지만 그 숱한 난관을 극복하며 얻은 것들을 체계화해서 시스템으로 만들고, 다른 교육 분야에 뒤처지지 않도록 계속 업그레이드한 결과 이제 미술 교육 분야에서는 다른 이들이 믿고 따라올 수 있을 만큼 제법 탄탄한 기반을 갖추게 되었다.

아직까지 우리 사회 전반에 퍼져 있는 내신 위주의 교육문화와 예체능

저평가 현상, 방과 후 수업이나 정부의 사교육 규제 정책으로 더더욱 그 설 자리가 줄어드는 상황에서 보다 전문적인 기능을 갖춘 미술학원으로의 진화는 선택이 아닌 필수다. 그나마 희망적인 것은 4차 산업혁명 시대에 맞는 인재를 육성하는 데 아동기 미술 교육이 매우 중요하다는 것을 인지하고 필수교육 과정으로 선택하는 학부모가 점차 늘고 있다는 점이다. 하지만 똑똑하고 관심이 많은 학부모일수록 선택의 기준이 더욱 까다롭다는 것을 간과해서는 안 된다. 만들기, 그리기 위주의 단순한 수업이나 대충 인터넷에서 찾은 자료로 남들이 하던 수업을 따라 하는 주먹구구식의 커리큘럼으로는 갈수록 높아지는 아이와 학부모의 기대치를 절대 만족시킬 수 없다는 뜻이다.

미술 교육이 지닌 엄청난 교육 효과와 잠재적 가치를 미술인인 우리는 누구보다 잘 알고 있다. 더 이상 불리한 교육 현실만을 탓하면서 자신을 가둘 것이 아니라 미술 교육인들 스스로가 배우고 깨달으며 변화해야 한다. 시대에 맞춰 다양한 프로그램을 연구하고 그에 따른 교수법을 개발하며 그 성과를 학부모에게 충분히 전달할 수 있는 프로 선생님이 되어야 한다.

- 학생과 학부모가 만족하는 양질의 수업
- 효과적인 상담과 관리
- 「홍보+마케팅+경영」을 아우르는 효율적인 학원 운영

이 세 가지가 충분히 갖추어지지 않고서는 넘쳐나는 학원 홍수의 시대에서 살아남기조차 버거운 일이 될 것이다.

처음 이 책을 쓴 것도, 다시 새롭게 내게 된 이유도 그런 고민에서였다.

예술가의 심장은 섬세하고 따뜻하지만 그 안으로 쉽사리 무언가를 받아들이는 것은 어렵다. 냉철하게 계산하고 머리 써가며 체계적으로 일을 진행하는 것도, 변화에 발 빠르게 대응하는 것도 어렵다. 감정의 이끌림이 다른 이성적 판단을 압도하는 경우가 비일비재하다. 한마디로 예술가의 피가 흐르는 미술 선생님들에게는 학원을 경영하는 일이 유독 어렵게 느껴진다는 것이고, 이는 철저히 나의 경험에서 기인한다.

그럼에도 불구하고 미술 교육인으로서 나의 이상을 실현하려는 의지가 너무나 강했고 내가 가진 모든 경험과 노하우를 공유하는 것으로 그것을 현실화하기 시작했다. 미술 교육인은 아이들에게 창조적인 기회를 제공하는 리더라는 것을 명심하자! 교육자에서 사업가로의 변화는 '미움 받을 용기'가 필요한 일이었지만 그 리더들을 위해 나 역시 과감히 나 자신을 던졌고 그들에게 위로와 희망, 그리고 나아갈 길을 제시하고자 했다. 비단 필아트의 가족이 아니어도 미술 교육에 몸담고 있다면 누구나 이 책을 통해 필요한 지식을 얻고 방향성을 찾도록 돕고 싶었다. 누군가에게 단 한 구절이라도 도움이 된다면 그보다 벅차고 뿌듯한 일은 없을 것이고, 그 소중한 경험은 계속 나를 성장시켜 쉼 없이 날갯짓을 할 수 있도록 힘을 줄 것이다.

험한 여정에 함께할 동반자가 있다는 것은 얼마나 든든하고 위안이 되는 일인가. 배고플 때 함께 나눌 양식이 있고 기꺼이 그것을 나누려는 따뜻한 마음이 있다는 것은 그야말로 신의 축복이 아닐까 싶다. 같은 곳을 바라보고 함께 걸어가면서 가진 것을 나누고 목표를 이뤄내는 멋진 경험과 더불어 교육자로서의 즐겁고 보람된 삶이 여러분 모두의 것이 되길 진심으로 바란다.

끝으로 모두에게 감사의 인사를 전한다. 혼자서는 결코 아무것도 하지 못했을 것이다. 필아트의 과거와 현재, 미래를 함께해 주는 모든 이들에게 말로 표현 못 할 만큼 고맙고 사랑한다고, 앞으로도 계속 함께하자는 격렬한 프로포즈를 남기며….

이혜진

Contents

Chapter 02
나만의 브랜드 만들라

Chapter 03
연애학개론

Chapter 04
누구보다 빠르게, 남들과는 다르게!

Chapter 06
Dreams come true

Chapter 01

오늘부터
나는 아트디렉터다

성공하는 미술 교육인의 메인드로 거듭나기

마인드를 바꾸면 당신도 성공할 수 있다

성공으로 가는 첫걸음

'성공'이라는 두 글자를 보면 무슨 생각이 드는가?

나와 거리가 먼 다른 세상 사람들의 이야기!

갖고 싶지만 가질 수 없는 밤하늘의 별 같은 것!

마음먹고 실천하기에 따라 달라지겠지만 운이 따라줘야 하는 것!

간절히 원하지만 도무지 방법을 모르겠는 것!

방법을 알아도 실천할 엄두가 안 나서 도전을 포기하는 것!

'성공'에 대한 사람들의 막연한 생각이다. 대부분 사람들은 성공하기를 원하고 성공하기 위해서 열심히 일한다. 그러나 성공은 생각만큼 쉽게 이룰 수 없다. 내 생각도 그랬다. 불과 몇 년 전까지는….

하지만 지금 나에게 성공은 더 이상 뜬구름 잡는 이야기가 아니다. 처음에 '성공'이라는 목적지를 뿌옇게 뒤덮고 있던 안개도 이제는 점점 걷혀가고 오르막의 급경사는 완만해졌다. 그리고 목적지까지 남은 거리는 점점 좁혀져 어느덧 가시권에 들어서게 되었다. 이처럼 내가 미술학원 경영에서 성공에 다가갈 수 있었던 것은 목표를 확실하게 정하는 데서 시작되었다.

당신은 반드시 이루고 싶은 꿈이나 목표가 있는지, 있다면 그 꿈을 위해 어떤 노력을 하고 있는지 돌이켜보자. 만일 꿈이 없다면 만들어야 하고 만들었다면 이루어야 한다. 첫 숟가락에 배부르지 않지만 한 숟가락, 두 숟가락 떠먹다 보면 배가 부를 것이고, 마라톤을 할 때도 한 걸음, 두 걸음씩 내딛다 보면 결국 결승점에 도달하게 된다.

마찬가지로 어떤 일이든지 목표를 이루려면 '시작'이 있어야 한다. 이미 목표가 분명한 미술 교육자들에게 이 책은 목표를 더 빨리, 더 효율적으로 이룰 수 있게 도와줄 것이며, 아직 목표가 분명하지 않은 사람들에게는 목표를 정하고 계획을 세워 체계적으로 실천하는 데 도움을 줄 것이라 확신한다.

생각을 바꾸면 마인드가 달라진다

대한민국 사교육 시장은 세계 최대 규모라고 해도 과언이 아니다. 그러나 미술 교육만 떼어 놓고 보면 시장은 아주 작아진다. 이 책은 그 작은 시장에서도, 특히 아동미술 교육에 종사하는, 혹은 종사하려고 하는 사람들을 위한 내용을 담고 있다. 좁은 시각에서 보면 이 책은 미술 교육에 종사하는 사람들에게 필요한 내용이지만 본질적인 부분은 사교육에 종사하는 모든 교육인들에게 통하는 내용이라고 볼 수 있다.

어쨌거나 독자가 한정되어 있다 보니 베스트셀러의 반열에 오르는 것은 애당초 꿈도 꿀 수 없다. 그럼에도 불구하고 내가 이 책을 쓰는 이유는 진심으로 미술 교육자들과 미술 교육업계의 각성이 필요하다고 생각하기 때문이다. 또 한 가지는 미술 교육의 수요와 필요성이 앞으로는 더욱 중요해질 것이라고 확신하기 때문이다. 이 책을 읽고 실천한다면 누구든 성공하는 미술 교육자가 될 수 있다.

이제는 단순히 아이들에게 그림을 가르치는 선생님으로 그치는 것이 아니라 문화 예술과 경영 기술 전반에 전문 지식을 갖춘 아트디렉터가 되어야만 한다. 선입견을 버리고 모든 것을 받아들일 준비가 된 당신이라면 내가 직접 체득한 지식과 경험으로 얻은 노하우를 충분히 자기 것으로 만들수 있으리라 믿는다.

하지만 그 전에 먼저 할 일이 있다. 성공한 원장이 되려면 컴퓨터를 재부팅하듯 생각 자체를 바꿔야 한다는 것, 즉 성공하기 위한 마인드로 바꾸기 위해서 리셋이 필요하다.

미술학원을 대형 학원으로 발전시키는 과정에서 가장 많이 받았던 질문은 바로 '비결'이 무엇이냐는 것이었다. 그 질문에 대해 명쾌한 답을 주고자 많은 생각을 했지만 내가 할 수 있는 대답은 뻔하고 기본적인 대답들이다.

"적극적으로 매사에 열심히 실천하고 긍정적인 생각을 해야 해요."

아주 기본적인 대답들이다.

"Back to the Basic."이라는 말처럼 실제로 기본적인 것들이 가장 중요하다. 하지만 그 기본적인 것들을 할 수 있느냐 없느냐는 마음가짐에 달려 있다. 기본적인 것들을 놓치고 있으면서 눈앞의 성공을 막연히 바라고 있지는 않은지 스스로를 돌이켜보자.

아는 것은 많지만 제대로 실천하지 못했던 빈약한 마인드를 버리고, 이제는 하나를 알아도 실행으로 옮길 줄 아는 건실한 마인드를 탑재할 차례다.

마음가짐이 나를 바꾼다

프랑스의 유명한 철학가이자 〈수상록^{Les Essais}〉의 저자인 몽테뉴^{Michel Eyquem} ^{de Montaigne}는 "모든 행복과 불행은 나의 마음가짐에 달려 있다."고 말했다. 불교 경전인 〈화엄경^{華嚴經}〉의 핵심사상이라 할 수 있는 '일체유심조(一切唯心造)'라는 표현 역시 '모든 것은 오로지 마음이 지어내는 것'이라는 뜻으로, 원효대사가 해골 물을 마시고 이 표현을 언급했던 일화는 초등학생들도 알 정도로 유명하다.

동서고금을 막론하고 선지자들은 수많은 격언과 가르침을 통해 우리에게 마음가짐의 중요성을 꾸준히 강조해왔다. 너무나 익숙하고 당연해서 전혀 새롭지 않은 진리, 그것은 우리의 마음가짐에서 결국 모든 것이 결정된다는 것이다.

성공하는 원장이 되기 위한 첫 단추 역시 성공할 수 있다고 믿는 마음가짐, 즉 성공 마인드를 지니는 것부터 시작된다. 그런데 힘들고 답답한 마음으로 내게 자문을 구하는 사람들은 누구나 다 아는 기본적인 대답이나 마인드에 대한 얘기 말고 실제적이고 구체적인 아이템이나 테크닉을 원한다. 하지만 생각해보자. 다른 사람의 성공 방법을 대충 따라 해서 한두 달 반짝 성과를 보는 것보다 마인드를 바꿔서 인생에서 성공하는 것이 훨씬 더 이득이 아닌가.

지금 이 책을 읽고 있는 당신에게도 권한다. 눈으로 읽고 머리로 생각하는 것에서 그치지 말고 이 책을 마음가짐을 바꿔주는 도구로 활용하기를….

성공 마인드로 바꿔 줄 나만의 계기를 만들어라

성공하는 마인드는 무엇일까? 실망스럽게도 사실 이 질문은 별로 의미가 없다. 왜냐하면 모두가 그 답을 알고 있지만 실천하지 않는 경우가 대부분이기 때문이다.

마음가짐은 사람들이 가진 가치관에 따라 달라진다. 다른 사람의 마인드를 배울 수도 없다. 왜냐하면 마인드는 지극히 개인적인 것으로, 자기 마음속에서 일어나는 굳은 결심이나 의지인데 누가 누구에게 가르쳐준다는 것 자체가 말이 안 된다. 비흡연자가 금연하겠다는 결심을 하지 않는 것과 같다. 각자 자신이 처한 환경, 극복해야 할 문제, 꿈꿔왔던 미래가 다른 만큼 자신의 마인드는 스스로 만들어야 하는 것이다.

기존에 부정적인 요소를 없애고 새로운 마인드로 바뀌려면 어떤 계기가 필요하다. 동기를 부여해 줄만한 강의를 듣거나 관련 서적을 읽고 마음을 움직이는 방법도 좋다. 어떤 방법이든 계기를 만들어서 마음가짐을 새로이 다잡는 시도를 하는 것이 중요하다.

사람들은 저마다 목표를 세운다. 예를 들어 '내일부터 다이어트 시작!', '언제까지 몇 kg으로 감량하자!'라고 세울 경우 목표를 이룰 가능성이 매우 희박하다. 하지만 열흘 뒤에 소개팅을 한다든지, 비만으로 생명이 위독해질 수 있다고 의사에게 경고를 받는 등 구체적인 이유가 생기면 목표를 이루고자 하는 마음가짐이 확 달라진다. 그러니 마인드를 바꾸려면 우선 동기부여가 될 만한 계기를 만들어야 한다.

그리고 기억해야 할 것이 하나 있다. 새로운 마음가짐으로 무언가를 시작하기 전에 반드시 '좌우명'이나 '자신만의 단어'를 만들어야 한다. 인간은 망각의 동물이기 때문에 처음에 굳은 결심을 해도 시간이 지나면 점점 약해질 수밖에 없다. '작심삼일作心三日'이란 단어가 괜히 있는 게 아니다. 내 마음에 확실한 자극을 주는 나만의 키워드, 아직 없다면 지금 바로 만들어 보자.

꿈, 혁신, 긍정, 열정 그리고 즐기는 일

미술학원을 운영하던 때에도, 연구소와 교육사업을 진행하는 지금도 필 아트는 '꿈, 혁신, 긍정, 열정 그리고 조이^{joy}'라는 단어를 모토^{motto}로 하고 있다. 나는 이 단어들을 잘 보이는 곳에 써 붙여 놓았고, 볼 때마다 마음가 짐을 다잡게 해준다. 다섯 개의 단어가 지금의 나를 있게 만들었다고 해도 과언이 아니다. 내가 생각하는 단어의 뜻은 이렇다.

꿈

아이가 둘이나 있고 40대에 접어든 내가 늘 감사하는 것은 아직도 하고 싶은 것, 이루고 싶은 것이 많다는 사실이다. 미술인답게 머릿속으로 꿈의 그림을 그린다. 그리고 퍼즐을 맞추듯 하나씩 그 꿈의 조각을 맞춰가는 것, 큰 꿈을 그리고 그 안을 다시 작은 꿈으로 채우고 작은 꿈에 목표와 계획을 입혀가면서 나의 꿈은 구체화되고 수치화되었으며 결국 현실로 이루어지 고 있다.

혁신

미술인에게는 더 없이 소중하고 가치 있는 단어다. 혁신의 사전적인 의 미는 묵은 것을 완전히 바꾸어서 새롭게 한다는 뜻이다. 창의적인 교육을 지향하는 미술인에게는 늘 남과 다른 시선이 필요하다. '왜?'라는 물음과 다양한 분야에 호기심을 가지고 늘 색다른 수업과 프로그램, 교수법을 연구하며 진화하려는 혁신의 자세가 필요하다. 고백하자면 혁신은 조금만 편안해져도 그 자리에 눌러앉고 싶어 하는 나의 나태함을 떨쳐낼 수 있게 해주는 단어다.

긍정

나는 긍정이라는 단어와 친하지도 않고, '긍정의 힘'이라는 단어가 엄청난 이슈로 회자될 때도 크게 감흥을 느끼지 못했다. 그러나 말뿐인 긍정이 아닌 진짜 긍정을 알고 그 힘을 느끼면서 세상이 달리 보이게 되었다.

필아트 선생님으로 인연을 맺어 지금은 교재와 프로그램을 개발하며 진행하는 팀장 선생님은 그야말로 긍정의 아이콘이다. 그녀를 통해 '긍정'을 배우고 지금은 어느덧 '긍정적인 사람'이라는 소리를 듣는 자신이 되었다. 대표로서 선뜻 결정을 내리기 어려워 망설일 때도 "해봐요! 일단 해보죠 뭐. 하는 데까지 해보고 그래도 안 되면 어쩔 수 없죠."라고 말하며 과정 자체를 즐길 줄 아는 그녀. 언제나 'NO!'를 모르는 그녀를 통해 계속해서 긍정의 에너지를 받으며 점점 닮아갔고, 그로 인한 변화는 결코 작은 것이 아니었다. 정말로 안 될 거라 생각했던 일이 실현되기 시작했으니까.

열정

"도대체 그 열정은 어디서 나오는 거예요?"

"원장님의 열정에 감동받았습니다."

강의 후에 정말 많이 듣는 말이다. 자화자찬 같지만 사실이다. 그러나 사실 나는 그리 열정적인 사람이 아니었다. 언제부터인지 모르겠는데 스스로 열정을 불태우는 사람이 되었다. 굳이 계기를 찾자면 열정을 가진 사람과의 교류, 그리고 그들을 닮고 싶었던 내 욕심이 아닐까 싶다.

두꺼운 통나무 장작은 한 번에 불을 붙이기 어렵다. 마른 가지와 나뭇잎을 모아 불쏘시개를 만들고 작은 불씨를 불쏘시개에 옮겨 붙인 다음 통나무에 불이 붙을 때까지 불씨가 꺼지지 않도록 계속 잔가지를 넣어주고 풀무로 바람을 일으켜야 한다. 나의 열정도 이렇게 만들어진 것 같다. 나의 꿈을 모아 불쏘시개를 만들고 혁신으로 불을 붙여서 긍정이라는 입김을 계속 불어 넣다보니 내 마음속의 '열정' 장작에 불이 붙었고, 활활 타오르면서 이제는 그 열정을 더 의미 있는 일에 쏟고 싶다는 생각으로 불씨가 번져가고 있다.

조이JOY

'노력하는 사람'도 이기지 못하는 것이 '즐기는 사람'이라 하지 않던가? 내가 하고 있는 일을 즐기는 것은 아직까지 노력이 필요한 부분이다. 일을 하면서 항상 웃고 즐긴다는 게 어디 말처럼 쉬운 일일까. 그래도 일하면서 웃고, 즐기는 모습을 보이면 주변 사람도 웃고 즐기게 된다. 매일, 매순간 내가 하는 일을 즐기려고 노력하고 있다.

꿈, 혁신, 긍정, 열정을 즐기는 것이야 말로 내적인 성공과 만족감, 그리고 진짜 행복을 가져다준다는 것을 잘 알고 있기 때문이다.

자랑스러운 미술 교육인 & 성공하는 경영자

당신은 지금, 꿈을 가지고 새롭게 변화하면서 긍정적인 생각으로 일을 즐기고 있는가? 지금껏 나를 이끌어 준 키워드를 보면서 당신의 내면에 무언가 꿈틀대는 느낌을 받고 자신의 모습을 돌이켜 보며 마음가짐을 새롭게 해야겠다는 생각이 들었기를 바란다.

자, 이제 성공하는 마인드로 스스로를 무장했다면 화룡점정이다. 성공 마인드에서 가장 중요한 부분을 완성할 차례다. 지금부터 당신의 목표를 '자랑스러운 미술 교육인 & 성공하는 경영자'가 되는 것이라 정하고 성공하는 원장이 되기 위한 경영 마인드를 만들어가야 한다.

아직까지 '경영'은 미술인에게 참 낯설고 적응하기 어려운 단어다. 기업 형태로 분류하면 미술 교육계에는 1인 기업이 가장 많다. 미술 교육에 필요한 관리와 경영이 오롯이 원장 한 사람의 손에 달려 있는 경우가 많다는 뜻이다. 그렇다보니 원장의 하루 일과는 대부분 수업 준비와 수업만 하기도 빠듯하다. 그래서 정작 중요한 경영을 소홀히 하곤 한다. 하지만 낯설어서 어렵고, 해야 할 일이 많아서 시간이 부족하다는 핑계는 이제 그만 고이 접어 서랍 속에 넣기 바란다.

'성공한 미술 교육인' 타이틀이 너무 거창하게 느껴지는가? 그건 절대로 틀린 생각이다. 마인드를 바꾸면 당신도 성공할 수 있다. 미술 교육계에서 경영 마인드가 성공과 실패를 가른다고 해도 과언이 아니다.

성공하고 싶다면 먼저 자신부터 관리해야 한다. 그것이 경영의 첫걸음이다. 학원 운영의 성패는 바로 원장 자신에게 달려 있다는 것을 잊어서는 안 된다. 학원 시작과 끝을 총망라하는 것이 바로 경영이고, 경영자로서의 마인드는 이 책 전반에 걸쳐 꾸준히 거론될 것이다. 특히 첫 장은 실무적인 부분보다는 내면에 영향을 줄 수 있는 내용으로 이루어져 있고, 실제 경험에서 얻은 사례를 통해 생각과 견해를 새롭게 바꿔서 성공 마인드로 단련시켜 줄 것이다. 모든 내용을 읽고 되새긴다면 어느새 교육자와 경영인으로서 굳건한 자신만의 마인드가 생길 것이라 믿어 의심치 않는다.

- 변화는 확실한 목표를 정하는 것에서 시작된다.

- 성공하는 마인드로 바꾸기 위해 가장 먼저 생각을 리셋하자.

- 마음가짐을 확실히 다잡으려면 동기부여가 되는 계기가 필요하다.

- 목표를 상기시켜주는 단어나 좌우명을 만들자.

- '성공'과 '경영'을 더 이상 미술인과 동떨어진 단어로 여기지 말자.

- 성공하고 싶다면 먼저 자기 자신부터 관리해야 한다.

사람을 얻는 자,
모든 것을 얻는다

사람의 마음을 얻어라

'메디치^{Medici} 가문'에 대해 들어본 적이 있는가? 인류 역사상 가장 암울했던 시기인 중세시대에 찬란한 르네상스 문화를 이끈 이 가문은 실제로 350년에 가까운 세월 동안 세상을 지배한 명문가인 동시에 세계 최고의 부자였으며, 당시 최고 권력인 교황의 주 거래처이자 유럽 각지에 지점이 있었던 메디치 은행을 운영한 하나의 기업이었다.

그러나 메디치 가문을 설명하는 데 있어 '부'라는 단어만으로는 부족하다. 그들이 이룩한 정치적, 종교적, 문화적 영향력은 그 누구도 따라갈 수 없을 만큼 위대했다. 수많은 예술가와 학자를 후원함으로써 암흑의 중세시대를 접고 르네상스^{Renaissance}를 꽃피웠으며, 하나의 시대정신이 되어 서구 문명사에 커다란 발자취를 남긴 진정한 엘리트 가문이었다.

몇 가지 예를 들면 거리의 이름 없는 조각가였던 10대의 미켈란젤로_{Michelangelo di Lodovico Buonarroti Simoni}를 집안의 양자로 받아들여 세계 최고의 예술가로 길러냈고, 근대 정치학의 아버지로 불리는 마키아벨리[Niccolò Machiavelli]는 메디치 가문에 자신의 저서인 〈군주론〉을 헌정했다. 또한 갈릴레이[Galileo Galilei]는 목성의 위성을 발견한 후 자신을 후원해준 이의 이름을 따 '메디치의 별'이라 명명했다. '오페라'가 처음 탄생한 것이 메디치가의 궁정이었고, 아메리카 대륙을 이름 지은 아메리고 베스푸치[Amerigo Vespucci]가 메디치 은행의 직원이었다는 등 몇몇 일화만으로도 메디치 가문의 영향력이 어느 정도였을지 충분히 짐작할 수 있다. 한마디로 메디치 가문이 없었다면, 빛과 아름다움의 르네상스도 없었을 것이며 오늘날의 역사는 다시 쓰여야 했을 정도다.

단지 하나의 가문에 불과했던 이들이 도대체 어떤 생각과 마음가짐을 가졌기에 이토록 오랜 세월 동안 회자되는 것일까? 메디치 가문은 아주 단순하면서도 확고한 원칙을 가지고 있었다. 그것은 바로 '사람의 마음을 얻는 것'이다. 사람을 최고의 가치로 두었기에 가능성 있는 인재를 발굴하여 아낌없이 지원을 베풀었고, 중요한 결정을 내릴 때도 항상 시민의 편에서 생각했다. 은행 업무에서도 한번 맺은 고객을 끝까지 배신하지 않는다는 원칙을 지켰고 모범적인 납세는 물론 하층민의 애환을 살피는 데 앞장섰다.

먼저 사람을 얻고, 결국 모든 것을 이뤄낸 이 메디치 가문의 사람들처럼 우리 역시 반드시 명심해야 할 원칙이 사람을 얻으라는 것이고, 이는 단지 많은 사람을 곁에 둔다는 의미가 아니라 사람들의 진정한 마음을 얻는 노력이 필요하다는 뜻이다.

공감, 수용, 소통과 배려로 하나 되다

사람의 진정한 마음을 얻기 위해 내가 가장 중요하게 생각하는 것은 나의 성공이 아니라 '우리의 성공, 우리의 꿈을 함께 만들고 성장시키며 하나가 되는 것'이다. 진정성을 가지고 끈끈한 유대를 키워나가는 것이 내가 바라는 인간관계의 이상향이기도 하다. 그러기 위해 항상 스스로 모범을 보이고 사람을 믿으며 함께할 수 있도록 노력하고 있다. 사람의 이야기에 언제나 귀를 기울이고 진심으로 공감하면서 수용할 부분은 받아들이고 내 힘을 필요로 하는 사람을 도와주는 것, 이런 소통과 배려가 '내 사람'을 만드는 나만의 기술이다.

꿈을 한 조각씩 맞추면서 꿈이 이루어지는 성취감과 기쁨을 혼자가 아닌 모두와 함께 나누는 것이야말로 진정 아름다운 모습이 아닐까? 하지만 실제 학원을 운영하다 보면 전혀 예상하지 못했던 일이 벌어지고, 사람으로 인해 상처받는 일이 생기기도 한다. 타인에게서 기인한 문제 못지않게 힘든 난관은 또 있다. 스스로 매너리즘에 빠지거나 지쳤을 때 그 막막한 어둠의 터널에서 빠져나오는 일 역시 정말 해결하기 어려운 문제다.

학원 운영 초창기부터 지금까지 나와 함께한 선생님 한 분도 정말 이 일이 나의 천직인지, 지금 과연 잘하고 있는지에 대한 의문으로 힘들어 할 때가 있었다. 학생을 가르치면서 받는 스트레스 때문에 다른 일을 진지하게 고민하기도 했지만 일이 힘들지언정 함께하는 것이 좋았기에 '우리 옷 장사할까?', '쇼핑몰 같이 할까?', '같이 커피숍 해 보는 건 어때?'라고 물으면서 끝까지 함께 무언가를 하려고 했던 것 같다. 미술 하나만 배웠기 때문에 결국, 다시 마음을 고쳐먹고 제자리로 돌아오긴 했지만, 어려운 시간을 함께 보내며 서로를 다독이고 손잡아주는 것이 얼마나 소중한지 느낄 수 있었다. 무엇보다 우리는 '함께'라고 생각하면서 서로 믿고 의지할 수 있다는 것을 깊이 되새기는 계기가 되었고 진심은 반드시 통한다는 깨달음도 얻었다.

먼저 아낌없이 표현하라

공감과 수용, 소통의 공식은 학생과 학부모를 대할 때도 마찬가지로 적용된다. 학부모와 대화할 때 그 내용이 어떤 것이든 밑바탕에 존중하는 마음을 갖고 경청해야 한다. 어떤 대안이나 해결책을 제시할 때에도 학부모를 가르치거나 지시하는 듯한 태도를 버리고 학부모의 마음을 움직여서 자발적인 행동으로 연결되도록 대화의 기술을 연마할 필요가 있다.

항상 가까이서 끊임없이 소통하는 필아트 에듀 가족들도 바쁘게 각자의 업무를 하다 보면 서로 대화하는 시간이 부족할 때가 많다. 늘 새로운 것을 시도하고 실천하며 바쁜 스케줄을 소화하다 보니 서로 대화하는 시간이 줄어드는 건 어쩔 수 없는 일이다. 하지만 마음은 겉으로 표현해야 제대로 전달된다는 것을 알기에 짧은 한마디를 건네더라도 진심을 담아 표현하려고 애쓴다.

학원장 시절에도 바쁜 일정을 소화한다는 핑계로 동료를 세세하게 돌보지 못하는 탓에 늘 미안하고 또한 감사한 마음을 가지고 있었다. 그래서 어버이날이면 꽃바구니와 작은 선물과 함께 훌륭하게 선생님을 키워주신 부모님께 자필로 쓴 편지를 전해드리며 감사한 마음을 표현했다. 이렇게 마음을 전하면 선생님은 받은 것 이상으로 고마워했고, 나는 그 모습을 보면서 내가 준 것보다 훨씬 큰 행복과 에너지를 얻었다.

그때나 지금이나 서로 존중하고 끈끈한 유대를 유지하는 것만큼은 어느 조직 못지않다고 자부하지만 사실 근무 환경이 썩 좋다고 할 수는 없다. 이 것저것 일 벌이기 좋아하는 대표를 만난 탓에 필아트는 항상 일이 넘쳐나기 때문이다. 140여 곳에 달하는 지점들과 일일이 소통하며 피드백을 하는 것만으로도 빠듯한 인력으로 교재와 프로그램 개발, 홈페이지와 각종 온라인 관리에 쇼핑몰 업무까지 1인 3역 4역을 해가며 일을 하고 있다. 다행히 내가 가진 몇 안 되는 능력 중에 적재적소에 적임자를 배정할 줄 아는 능력이 있어서 서로의 업무영역 구분을 확실히 할 수 있었고, 모든 업무를 직급별 상하 관계가 아니라 동등한 관계에서 처리하고 있다.

교육과 관련된 일을 상하관계로 처리하면 편안하게 소통할 수 없다는 생각도 있었고, 가장 혁신적이고 깨어 있어야 할 교육인으로서 일종의 의무감 같은 것이기도 했다. 그렇게 필아트 에듀에서는 각자 가장 잘할 수 있는 일과 반드시 잘해야 하는 일을 찾아 업무를 분담하고 공유하면서 도움을 주고받는다.

전설적인 미국 풋볼 감독인 보 스켐베클러Bo Schembechler는 "세상에 뛰어난 능력이나 기술을 가진 사람들은 얼마든지 있지만, 제 아무리 뛰어난 재능을 가진 사람도 최고의 팀을 이길 수는 없다."고 말했다. 개인의 능력이 뛰어난 것보다 팀워크를 만들어 내는 리더가 더 위대하다는 것을 기억하자. 이것은 비단 동료 선생님과의 관계에 국한되는 이야기가 아니다. 학생과 학부모, 교구를 구입하는 거래처는 물론 동네에서 자주 마주치는 이웃들 모두에게 해당된다.

나는 한번 인연을 맺은 사람을 잃어버리지 않으려고 노력한다. 일 욕심 못지않게 사람 욕심도 많다. 뛰어난 능력을 가진 사람을 채용해서 곁에 두는 것도 좋다. 하지만 편안하고 익숙한 사람들, 오래된 벗들과 함께하면서 서로의 모자람을 채워주고 같이 발전해 나가는 것, 그리고 의리를 지키는 것이 내가 바라는 인간관계다.

사람의 마음을 얻기 위해 필요한 것은 크고 어려운 것이 아니다. 마음에 담아두지 말고 적극적으로 표현해야 한다. 좋은 것도, 싫은 것도, 서운한 것도, 고맙거나 미안한 것도 충분히 표현하라. 거기에 사랑과 진심만 있으면 충분하다. 사람의 마음을 얻기 위해 당신의 심장에 사랑의 불씨를 지속적으로 키워가기 바란다.

미술학원 성공 NOTE

- 사람을 얻는다는 것은 많은 사람을 곁에 두는 것이 아닌 진정한 마음을 얻는 것이다.
- 진정성을 가지고 의리를 키워나가자.
- 믿음, 공감, 수용과 더불어 도움을 베풀 줄 아는 아량을 갖춘 리더가 되자.
- 바람직한 인간관계의 기본은 소통과 배려에 기반을 둔다.
- 주변 사람들과 긍정적인 팀워크를 통해 소통하자.
- 사람의 마음을 얻으려면 사랑과 진심을 가지고 충분히 표현해야 한다.

'혁신'과 '실천'은
리더의 첫 번째 조건이다

고인 물은 썩는다

나는 흐르는 물이 되려고 노력한다. 예전에는 '혁신'이라는 말이 나와는 거리가 멀다고 생각했다. 하지만 미술 교육계에 몸담고 새로운 교육방식을 하나씩 만들면서 한계를 뛰어넘을 때마다 가장 필요했던 것은 바로 '혁신'이었다. 새로운 것을 향한 혁신은 많은 시행착오를 거치면서 때로 희생과 후회라는 성장통을 앓기도 했지만, 성장통을 심하게 앓은 아이가 훨씬 튼튼하게 자라듯 필아트 역시 무수한 경험을 통해 더 크게 성장하고 앞서 나가고 있다고 자부한다.

혁신이라 하면 다소 거창하게 들릴지 모르지만 수업이나 아이들을 위한 이벤트, 선물 등을 할 때 다른 학원에서 하는 것을 따라 하기보다는 특별하고 새로운 것을 하려고 고민하는 것이 바로 혁신이 아니고 무엇이겠는가. 일례로 크리스마스 선물로 드로잉북을 직접 제작해서 아이들에게 나누어 준 적이 있다. 과자나 장난감은 먹고 가지고 놀다 버리는 일회성 선물이지만, 드로잉북은 미술 교육에 도움이 되고 자기가 그린 그림을 간직할 수 있으니 더 의미 있는 선물이라는 생각에서였다. 그렇게 기억에 남는 선물을 고민하다가 드로잉북을 준비했는데, 기대 이상으로 아이들과 부모님의 반응이 좋았고 다른 학원에 다니는 아이들과 부모님들도 부러워했다는 이야기를 들었다. 작은 선물 하나도 고민하고 차별화를 두면서 새로운 것을 시도해 보는 것, 그것이 우리가 할 수 있는 작은 혁신의 실천이라 생각한다.

아무런 준비도, 전문적인 지식도 없이 오로지 경험과 확신만으로 연구소를 만들고 프로그램을 기획하고 교재를 집필하는 일은 나 개인적으로도 가장 큰 혁신이자 발전이다. 미술이 단순히 미술로만 끝나는 것이 아니라 다른 학문과의 연계를 통해서 훨씬 더 발전한다고 믿었고, 모두의 노력으로 다양한 교재와 프로그램을 만들었다. 거기에 그치지 않고 비교적 짧은 시간 동안 성과를 이룬 나의 경험을 따르고자 하는 학원 원장님들에게 현실적인 도움을 주고자 내가 했던 수업과 학원 운영의 핵심을 뽑아서 미술학원 운영 커리큘럼을 만들고 모두가 응용하고 공유할 수 있도록 프랜차이즈화 하기에 이르렀다. 컴퓨터 프로그램을 능숙하게 다루는 사람 하나 없었지만 전문기관에 의뢰하지 않고 조그마한 연구실에서 모든 것을 선생님들과 함께 하나씩 만든 것은 '혁신'을 넘어 '무모한 도전'에 가까웠다. 그 외에도 지속적으로 미술 교육계에서 필요한 콘텐츠를 연구·개발했고 지금도 시장에서 가장 앞서가는 콘텐츠를 만드는 일을 계속 하고 있다. 거기에 더해 부족하나마 나의 조언을 원하는 원장님들께 멘토링 서비스까지 하고 있는데, 이 많은 일을 겁도 없이 벌이고 실천할 수 있었던 것은 오직 한 가지, 혁신의 필요성을 알았기 때문이었다.

혁신의 결과가 언제나 성공이라는 보장은 없다. 하지만 나침반 하나에 의지하여 망망대해를 항해한 콜럼버스의 무모함이 없었다면 아메리카 대륙은 발견되지 않았을 것이다. 인류의 문화와 기술을 발전시킨 주역들은 모두 '혁신'을 모토로 '실천'했던 사람들이다. 부디 새로운 일에 도전하고 실천하는 데 있어 더 이상 주저하거나 망설이지 않기를 바란다.

진정성과 명분을 가지고 실천하는 리더

혁신의 필요성을 알았다면 다음은 실천하기다. 세상에 마음만큼 중요한 것이 있을까? 사람이 하는 일이나 행동, 말에 사랑과 진정성이 있다면 마음이 통하고 어떤 일이든 함께할 수 있다. 진정성은 바로 언행이 일치하는 '실천력'에서 나온다. 실천하지 않는 진심을 어찌 알고 판단할 수 있을까?

나는 잘하는 것이 별로 없지만 그나마 가장 잘하는 것을 꼽으라면 어떤 일이든 바로바로 실천하는 것이라고 말한다. 일전에 MBTI 검사를 받아보았는데 '사고형'으로 분류되었다. 실제로 나는 의사 결정할 때 인과관계를 파악하고 객관적으로 판단하려고 노력하며 원칙을 중요시하기 때문에 이런 점은 검사 결과와 거의 일치한다고 볼 수 있다. 특히 대화할 때는 진솔하다 못해 직설적이기까지 하다. 하지만 그 안에 진정성이 담겨 있기 때문에 처음에는 기분이 나쁠지 몰라도 대화를 하다 보면 속마음을 알게 되고, 결과적으로는 서로 터놓고 이야기할 수 있는 관계로 발전해서 대부분의 일을 원만하게 조율한다.

만약 내가 감정에 치우치거나 겉과 속이 다른 마음을 가지고 있었다면 좋은 쪽으로 마무리하기가 쉽지 않았겠지만 진정성 있는 태도는 언제나 문제 해결을 쉽게 만들어 주었다. 그러나 단순히 문제 해결에서 그치지 않고 훌륭한 리더로 성장하고자 한다면 진정성만으로는 어렵다.

나는 어릴 때부터 사극을 좋아했다. 사극을 좋아해서 보기는 했지만 유난히 이해할 수 없었던 부분은 신하들이 '명분'이 없다고 하는 장면이었다. 왕이면 자기가 하고 싶은 대로 해도 되지 않을까? 내 생각과는 달리 사극에 등장하는 왕들은 최고 권력자임에도 불구하고 늘 신하들이 아무 말도 못하게 할 명분을 찾았다. 그때는 그 이유를 잘 몰랐지만 이제는 내가 먼저 명분을 찾는다.

명분이란 일을 꾀할 때 내세우는 구실이나 이유, 타당한 근거를 말한다. 학원의 규칙을 정하고 시행할 때, 수업료를 올릴 때에도 타당한 명분을 찾는다. 무조건은 통하지 않는다. 확실하고 올바른 명분이 있어야만 부정적인 여론이나 불만을 확실히 잠재울 수 있기 때문에 어떤 일을 도모할 때 반드시 합당하고 누구나 납득할 만한 명분을 찾는 것이다. 마찬가지로 학원을 경영할 때도 명분은 꼭 필요하다.

> 추운 겨울, 몸에 가시가 많은 고슴도치 무리가 있다. 고슴도치들은 추위를 견디려고 서로 가까이 모였다. 가까이 다가갈수록 서로의 가시에 찔려서 아팠다. 다시 서로 거리를 벌린 고슴도치들은 또 다시 추워지자 서로 모이려고 했고 가시에 찔렸다. 이 과정을 여러 번 반복한 고슴도치들은 가시에 찔리지 않고 따뜻함을 유지할 수 있는 적당한 거리를 찾아냈다. 그 뒤로 고슴도치들은 항상 그만큼의 거리를 유지하면서 겨울을 보내게 되었다.

쇼펜하우어Arthur Schopenhauer의 '고슴도치 이론'으로 알려진 이 이야기는 인간관계에서 적정한 거리를 유지하는 것이 얼마나 중요한지 알려주는 우화다. 학원에서 아이들을 가르치는 선생님 입장에서 고슴도치 이론을 적용하자면, 특히나 학부모와의 관계를 유지함에 있어 시사하는 바가 크다. 상담을 하다 보면 유난히 마음이 가거나 코드가 맞는 학부모가 있고, 대화하기 불편해서 상담을 진행하기 어려운 학부모도 있다. 예를 들면 나는 아이를 낳은 이후로 또래의 자녀를 키우는 학부모와 더 잘 대화할 수 있었고 공감대를 형성하는 것도 수월해졌다.

하지만 편하고 가까운 사이일수록 적당한 거리를 유지하는 것은 더 중요하다. 가깝게 지내다 보면 말을 많이 하게 되고, 말을 많이 나누다 보면 실수하기 마련이다. 학원 원장으로서 명심해야 할 것은 한번 학부모는 영원한 학부모라는 것이다. 자식을 맡기는 학부모는 사적인 대화를 할 때면 원장이나 선생님을 친한 동생, 언니, 친구처럼 대하지만 그 이면에는 아이를 가르치고 책임지는 데 프로페셔널한 원장과 선생님의 모습을 기대한다. 때로는 사생활에서조차 선생님의 기준에 맞는 도덕적이고 책임감 있는 생활을 해야 한다고 믿는 경우도 있다. 그런 학부모의 기대치를 인정하고 가능한 한 거기에 부합하려는 노력이 필요하다.

이런 원리는 동료 선생님과의 관계에서도 똑같이 적용된다. 아무리 친한 선생님이라도 원장으로서 기본적인 부분을 놓치지 말아야 한다. 너무 친해지면 인간적인 면이 지나치게 많이 개입되어 선생님에게 지시하기 어려워질 수도 있다. 그렇다고 너무 거리감을 둔다면 소속감이 떨어지고 서로의 마음을 표현하는 것조차 조심스러운 관계가 되어 불편해질 수 있으므로 항상 고슴도치들처럼 최적의 거리를 유지하는 것이 바람직하다.

혁신적인 리더가 되기 위해 인간관계에서 최적의 거리를 유지하는 것만큼 중요한 것은 개인적인 모습을 적절히 보여주는 것이다. 스티브 잡스^{Steve Jobs}가 생전에 스탠포드 대학에서 한 연설이 큰 감동을 주는 이유는 바로 자신을 노출했기 때문이다. 스티브 잡스는 연설 가운데 '배고픔과 함께, 미련함과 함께'라는 표현을 사용하면서 대학 중퇴, 직장에서의 해고, 빈곤했던 과거, 췌장암 투병으로 인한 시한부 인생에 이르기까지 세계적인 기업의 경영자로서 보여주기 꺼림칙한 사생활을 진솔하게 보여줌으로써 청중들에게 친밀감과 동시에 강한 메시지를 전달할 수 있었다. 이것이 바로 자신의 속 깊은 이야기를 통해 동료, 대중과 더욱더 끈끈한 유대감을 가질 수 있다는 '사회적 침투 이론'이다. 이 이론에 따르면 자신의 능력만 내세우기보다 인간적이고 나약한 면을 보여주어 동료나 대중들이 공감할 때 주위 사람들을 끌어들이는 힘을 발휘할 수 있다.

사회적 침투 이론에도 단계가 있다. 오늘 처음 만난 사람에게 속 깊은 얘기를 꺼내는 것은 우습지 않은가? 개인적인 면을 보여줄 때도 겉으로 드러나는 것에서부터 내면과 신념까지 점점 깊이를 더해가면서 하나씩 보여줄 때 신뢰와 상호작용을 극대화할 수 있다. 정리하자면, 사람들 사이에서 적정한 거리를 유지하되 양파 속껍질을 벗기듯 순차적으로 자신의 내면을 보여주면서 주변 사람들을 끌어들여야 한다.

교육 경영인이라면 다른 어느 분야보다도 자기 자신의 틀을 깨뜨리고 밖으로 나와서 혁신과 진정성, 명분을 갖춘 리더가 되어야 한다. 이런 인간관계의 원리를 파악하는 사람은 분명 그렇지 않은 사람들보다 앞서 나갈 수 있다.

미술학원 성공 NOTE

- 혁신이 없다면 발전도 없다. 부디 새로운 일을 시도하는 데 주저하지 말자.
- 두려움을 버리고 실천하고 또 실천하자.
- 상대의 마음을 움직이는 힘은 언행이 일치하는 실천력에서 나온다.
- 혁신적인 리더가 되려면 진정성과 명분을 갖도록 하자.
- 인간관계에서 최적의 거리를 유지하자.
- 부족하고 부끄러운 모습이나 깊은 속마음도 적절히 보여주는 용기가 필요하다.

시대의 흐름을 읽어라

변화에 능동적으로 대응하는 자세

전자회사에서 신제품을 개발할 때, 그 개발 과정은 순차적으로 진행되지 않는다. 사람이 하는 일이다 보니 개발 과정에서 정말 좋은 기술이 먼저 나올 때도 있고, 좀 뒤떨어진 기술이 나중에 나올 때도 있다. 얼마 전 국내의 모 기업에서 액정 화면이 접히는 폰인 폴더블폰 출시를 발표했다. 그런데 이 기술은 내가 이미 몇 년 전에 개발 완료 단계에 있다는 기사를 본 기억이 있어서 속으로 '이제 세상에 내놓을 시기가 되었나보군.' 하는 생각을 했다.

휴대폰이나 TV, 자동차를 비롯하여 첨단기술이 필요한 많은 제품이 사실 지금 우리가 알지 못하는 새로운 기술을 이미 구현해놓고 있는 경우가 많다. 하지만 그 기술을 반영한 제품이 개발되는 시기와 실제 시장에 출시되는 시기는 다르다. 시장의 동향을 살핀 후 아직은 시장에서의 니즈가 없거나 제품을 내놓아도 팔리지 않는다고 예상되면 적당한 시기를 기다리면서 다른 제품을 먼저 출시한다. 말하자면 최적의 '타이밍'을 보는 것이다. 마찬가지로 교육도 최적의 타이밍에 맞추기 위해서 노력해야 한다.

필아트는 밤낮으로 새롭고 앞서가는 프로그램과 교수법을 연구하다 보니 여러 가지 아이템이나 커리큘럼이 계속 만들어진다. 그러나 이미 검증 과정까지 거쳐서 당장 활용할 수 있는 교육 프로그램을 개발했더라도 학원에 바로 적용하지 않는다. 교육시장의 흐름을 예의주시하면서 가장 적절한 때가 언제일지 예상한 후에 학생들에게 적용한다. 시대의 흐름을 읽는 것은 분야를 막론하고 매우 중요한 일이기 때문이다.

경영학의 아버지로 불리는 피터 드러커Peter Ferdinand Drucker는 "기업이 망하는 이유는 뭔가를 잘못해서가 아니라 변화에 능동적으로 대응하지 못했기 때문이다."라고 말했다. 교육시장은 계속 변하고 있다. 정책에 의해서, 시장에 의해서, 경기에 의해서 변한다. 미술학원 경영자는 눈과 귀를 열고 항상 이 흐름을 파악해야 한다. 특히 대한민국의 교육시장은 공교육, 사교육할 것 없이 매우 변화무쌍하고 변화의 주기도 짧다. 새로운 아이템이나 교육 프로그램을 시작한 지 한두 달 만에 보편적이고 뻔한, 심지어 시대에 뒤처지는 프로그램으로 전락하는 일도 비일비재하다. 약간 과장을 보태면 패션보다 더 유행에 민감한 분야가 교육이 아닐까 생각될 정도다.

그럼에도 불구하고 교육시장의 변화와 트렌드를 주시하고 파악하는 것은 꼭 해야 할 일이다. 내가 노력해봤자 제도가 바뀌고 유행이 바뀌면 말짱 헛수고라는 생각은 시도조차 해보지 않은 사람들의 비겁한 변명에 지나지 않는다. 모르고 있는 것보다는 알고 대응하는 편이 훨씬 더 현명한 법이니 말이다.

찰스 다윈Charles Darwin의 "살아남는 것은 가장 강한 종도, 가장 똑똑한 종도 아니다. 그것은 변화에 가장 잘 적응하는 종이다."라는 말처럼 우리도 살아남기 위해 현명한 판단과 유연한 태도로 변화에 대응할 준비를 해야 한다.

미래 인재를 육성하는 미술 교육인의 자세

요즘 교육계의 공통된 화두는 4차 산업시대에 맞는 미래 인재를 육성하는 것이다. 모든 과목이 첨단기술과의 연계를 이루고 융합할 수 있도록 열린 사고와 창의력을 키우는 것, 거기에 더해 로봇과 인공지능이 대체할 수 없는 인간 고유의 영역들을 개발하고 진보시키는 것, 이것이 미래 인재를 키워내는 지금의 교육인이 고민해야 할 부분이다. 첨단이라 해서 전통적인 것을 등한시하라는 의미는 절대 아니다. 오히려 과거와 전통을 미래에 접목시키는 능력이 더욱 각광받을 것이고, 이를 가장 잘 반영할 수 있는 교육 분야가 바로 미술이다.

이런 교육 트렌드를 반영하는 프로그램은 필아트에 이미 넘치도록 많지만 그중 하나를 예로 들자면 'APP' 수업이다. APP는 Artist Project Program 의 약자로 일종의 '작가주의' 수업이다. 직접 예술가의 입장이 되어 단지 잘 그리는 기술만 습득하기보다 보고, 느끼고, 경험한 것을 토대로 자신에게 내재된 것을 표현하도록 하는 진정한 미술 교육을 추구한다.

유명한 예술가의 작품을 보면 '살아있다'라는 표현이 이해가 된다. 작가의 감정과 생각, 경험이 작품에 녹아있기 때문이다. 이렇게 작품을 만들면서 창의성을 키워주기 위해 진행되는 것이 바로 APP 수업이다. APP 수업은 체험학습이나 영상수업 등 풍부한 간접 경험을 토대로 토론과 에스키스 ^{Esquisse}(회화에서 작품 제작을 위한 밑그림. 큰 작품을 제작하는 데 있어서 준비 단계로 작은 종이나 천에 간단한 구도를 그려 보는 일) 작업을 통해서 주제를 선정하고 작품을 구상한다. 작품에 사용하는 재료나 표현기법, 작품의 의도에 대한 브리핑과 전시회까지 아이가 직접 작가의 입장에서 스스로 결정하고 창의적인 작품을 만드는 과정을 재현하는 방식으로 진행해야 한다. APP 수업은 작품을 구상하고 만드는 모든 과정을 아이가 주도적으로 이끌어 가면서 마치 작가처럼 '진짜 창의'를 표현하도록 유도하는 의도가 담겨 있다.

실제와 똑같은 그림, 디테일이 완벽한 만들기 작품, 이런 것들은 이미 컴퓨터와 3D프린터가 인간의 능력을 초월한 지 오래다. 사람의 마음을 움직이는 작품, 작가의 생각과 의도를 담아 메시지를 전달하는 진짜 예술은 인간만이 할 수 있는 고유의 것이므로 그런 능력을 키워주는 수업이 필요한 것이다.

이런 작가주의 수업을 진행하려면 연령별 발달과정에 맞춰 체계적으로 설계된 교육과정과 시청각 자료, 전시회 탐방 등 철저한 사전준비가 필요하다. 교육에 필요한 일련의 과정을 진행하는 데 상당한 시간과 비용이 들어간다는 점은 다소 부담스러운 부분이다.

아이들을 위해 최고의 수업을 진행하고 싶은 필아트연구소에서는 작가주의 수업을 현실에서 실행할 수 없어서 깊은 고민에 빠졌다. 작가주의의 장점과 현실적이고 보편적인 수업 방식을 접목할 수는 없을까? 회의를 거듭하며 내린 결론은 작가주의 수업을 무조건 표방하기보다 우리 지역의 특색과 아이들이 현재 지니고 있는 실력과 학부모의 여건, 반응까지 고려하여 필아트만의 특색 있는 작가주의 수업을 새롭게 만들기로 한 것이다.

수업 방향을 정하고 여러 가지 방법으로 접근하면서 임상 수업을 진행하되 실제 수업과 조화를 이루면서 적용 과정에서 발생하는 변수와 시행착오를 줄였다. 필아트만의 작가주의 수업을 진행하면서 선생님들은 수업 내용의 장·단점을 정확하고 빠르게 판단해서 수업 방향을 잡아 나갔다. 그렇게 해서 수업용 PPT와 선생님용 수업교수안 제공으로 선생님의 편의성을 최대화하고, 생각을 표현하는 워크시트와 유치부, 초등저, 초등고, 드로잉, 조형, 재료기법, 퍼포먼스에 맞춘 커리큘럼을 제공하여 수업의 효과를 극대화하는 지금의 APP 수업이 만들어지게 되었다.

비단 APP 수업뿐만 아니라 아트 오브 코딩, 필 큐빅 아트, 애니 오브 아트, e러닝 시스템 등 새로운 교육 트랜드를 파악하고 발 빠르게 적용하면서 특색 있고 효과적인 수업을 만들고 있다. 이 새로운 프로그램을 검증하고 출시해서 여러 원장님들과 학부모, 아이들에게 소개하고 누구나 쉽게 경험해 볼 수 있도록 돕는 일은 나에게 항상 뜨거운 감동과 설렘을 주고 있다. 아마 거기에 중독되어 편안함을 포기하고 계속 이렇게 나 스스로를 다그치고 있는지도 모르겠다.

교육시장의 변화

급변하는 현대 사회에서 시장의 변화에 대응하는 것은 선택이 아닌 필수다. 그중에서도 특히 변화무쌍한 사교육 시장에서 우리는 미술이라는 틀 안에만 갇혀 있지 말고 다양한 과목과 분야를 연계해서 포괄적인 교육 시스템을 갖출 필요가 있다. 학부모의 니즈나 경기에도 늘 관심을 기울여야 한다.

스마트폰이나 태블릿 PC의 보급이 급속히 확산되면서 소통과 관계방식이 변하고 비즈니스 방식도 바뀌었다. 개방과 소통을 화두로 하는 사회의 변화는 사교육 시장도 예외가 아니다. 기존의 교육방식은 많은 사람을 획일적으로 가르치는 데 초점을 맞춘 반면 이제는 교육도 서비스와 소비 측면이 강해졌기 때문에 교육소비자인 학생과 학부모의 개별적인 요구를 충족시켜주는 형태로 변해야 한다.

과거 산업화 시대의 인재를 평가하던 방식은 대량의 인원을 일률적인 시험으로 평가했지만 이런 평가 시스템은 점차 사라지고 있다. 소셜 마케팅의 시대인 지금은 자기만의 스토리를 가진 개성 있는 인재들이 각광 받는 평가방식으로 변하고 있다. 공교육의 위기나 사교육 시장의 단기적인 위축도 이런 사회적인 변화에 적절히 대응하지 못했기 때문이라는 점을 명심해야 한다. 구태의연한 자세로 점점 도태되는 침체의 늪에 빠지지 않도록 새로운 방식을 찾아서 적용하고 개선하면서 시대에 맞는 교육 시스템을 갖추도록 하자.

수업과 프로그램에 대한 내용은 Chapter 04에서 더 꼼꼼하게 짚어볼 것이다.

미술학원 성공 NOTE

- 최적의 타이밍을 알고 그에 맞게 움직이자.
- 시대의 흐름을 알기 위해 눈과 귀를 열고 새로운 것을 받아들이자.
- 현명한 판단과 유연한 태도로 변화에 대응하자.
- 미래 인재를 키워 낼 수 있는 미술 수업을 개발하자.
- 교육시장의 변화를 파악하고 시대에 맞는 교육 시스템을 갖추도록 하자.

멀티 플레이어는
선택이 아닌 필수다

미술 교육인도 CEO다

미술 교육자로서 당연히 갖추어야 할 미술 실력과 선생님으로서의 자질, 이 두 가지 능력이 출중하더라도 치열한 사교육 시장에서 살아남기는 어렵다. 미술학원을 경영하려면 미술 실력과 교육 스킬 외에 경영자로서 자질을 갖춰야 한다. 어쩌면 미술 실력과 교육 스킬보다 경영 능력이 더 필요할지도 모른다.

홈스쿨에서 학생을 가르치든 교습소나 학원에서 학생을 가르치든 상관없이 경영을 하게 되면 미술 교육자인 동시에 경영자가 된다. 규모는 아무런 상관이 없다. 앞에서도 말했듯이 경영을 하고 있으니 경영자로서 능력이 필요한 것이다.

"나는 그냥 조그만 학원에서 아이들 인원수 적당히 유지하면서 편하게 할래."

혹시라도 이런 생각을 하고 있다면 이쯤에서 이 책을 덮는 편이 낫다. 이 책은 '적당히' 하려는 사람이 아니라 '제대로' 하고 싶은, 제대로 해서 '성공'이라는 달콤한 열매를 맛보고 싶은 미술 교육인을 위한 책이기 때문이다. 그 성공이 물질적인 것이든 내적 성취감이든 간에 일단 스스로 만족하고 인정할 수 있는 교육인이 되어야 하지 않을까?

요즈음 CEO라는 단어는 친숙하다. '최고 의사 결정권자' 혹은 '최고 경영자'라는 의미다. 미술학원 원장도 CEO다. 학원에서 최고 결정권자의 위치에 있지 않은가? 세상 사람의 존경과 부러움의 대상인 성공한 CEO는 위기감, 자신감, 현실감 등 세 가지 감각을 발달시켰다고 한다.

위기감

CEO는 상황이 좋아졌다고 해서 느슨해지지 않는다. 항상 긴장의 끈을 놓지 않는다. 성공한 CEO는 학교에서 1등 하는 학생과 같다. 1등은 늘 자신을 따라 잡으려는 아래 등수의 학생들 때문에 위기감을 가지게 되고, 1등을 어떻게 지킬지 생각하면서 공부한다.

학원에서는 언제 어떤 형태의 문제가 터질지 모른다. 충분히 계획하고 준비해도 언제나 예상치 못한 변수가 생기는 곳이 학원이다. 항상 위기의식을 갖고 대비하는 원장만이 위기 상황을 지혜롭게 극복할 수 있다.

자신감

성공한 CEO의 자신감은 하늘을 찌른다. 성공했기 때문에 자신감이 생긴 게 아니라 자신감을 갖고 일을 했기 때문에 성공한 것이다. 단순히 '나는 성공할 거야!'라는 말에서 나오는 자신감은 '근거 없는 자신감'이다. 성공한 CEO는 구체적인 계획과 일이 진행되는 시나리오를 갖고 있다. '근거 있는 자신감'이기 때문에 업무 추진력도 생긴다.

성공한 시나리오에는 정시에 출근해서 일터에서 재미를 찾고 어느 사업에서 이익을 창출하며 어떤 일부터 처리해야 하는지, 앞으로 어느 분야의 실행력을 어떻게 강화해야 하는지 등의 전략이 들어 있다. 이런 준비가 있기 때문에 '근거 있는 자신감'이 생기는 것이다. 이제 여러분도 성공하기 위한 구체적인 시나리오를 만들고 아주 상세한 부분까지 계획을 세우자. 밑도 끝도 없이 함부로 자신감을 보이는 건 그저 만용에 불과하고 사업적으로 추진한다면 사기꾼으로 보이기 쉽다.

현실감

마지막으로 CEO에게 필요한 것은 감각이다. 현실감은 시대를 보는 정확한 안목에서 나온다. 시대의 흐름을 파악하는 일이 얼마나 중요한지는 앞에서도 언급하였다. 현실감은 중요하기 때문에 여러 번 강조해도 전혀 지나치지 않는다. 시대의 흐름을 읽기 위해 항상 눈과 귀를 열어두고 남들보다 빠르고 정확하게 정보를 입수해야 한다. 얼마나 좋은 세상인가. 정보 기술의 눈부신 발전으로 세상의 모든 정보가 내 눈앞에 펼쳐진다. 컴퓨터나 스마트폰을 보면서 연예기사와 가십기사만 훑어보는 것이 습관처럼 되어있지는 않은지, 필요 없는 일을 하면서 시간을 허비하기보다는 교육과 관련 있는 정보와 뉴스를 보는 데 시간을 할애하기 바란다.

빠르게 입수한 정보를 통해서 시장의 변화를 읽고 반 발자국 앞서가는 것, 몰라서 못하는 것이 아니라 준비해 놓고 때를 기다리는 것이 미술 교육자이자 CEO에게 필요한 현실감이다. CEO에게 필요한 감각은 금방 갖춰지지 않는다. 하지만 많은 고민과 경험, 공부를 통해서 남들보다 빨리 터득한다면 성공의 첫 단추는 이미 채워진다는 것을 잊지 말자.

멀티 플레이어로 거듭나기

학원은 교육만 하는 곳이 아니다. 사람을 상대하는 일이 더 많은 곳이다. 학원을 경영하려면 1인 2역, 3역을 해내야만 한다. 일에 따라서, 대상에 따라서 다양한 역할을 하는 것이 필수다.

연기를 잘하는 배우에게 흔히 연기의 스펙트럼이 넓다는 표현을 쓴다. 죽이고 싶을 정도로 악랄한 범죄자 역할을 했다가 몇 달 뒤에 바보 역할, 또 다음 해에는 사랑하는 연인을 위해 목숨까지 내놓는 순애보 연기를 하는 배우를 보고 '팔색조'처럼 다양한 연기를 한다고도 말한다.

미술학원 경영자도 다양한 연기를 소화하는 팔색조 배우처럼 여러 역할을 능숙하게 해내는 멀티 플레이어가 되어야 한다. 학원에서 일어나는 일은 언제 어디서든 어떤 역할이든 모두 해낼 수 있어야 한다는 뜻이다. 당신은 최고의 교육자이자 사업가, 지략가, 친구, 엄마, 애인, 그 모든 것이 될 수 있다. 아니, 되어야만 한다.

모든 인간에게는 여러 역할을 할 수 있도록 주어진 본능이 있다. 망설이지 말고 당장 그 본성을 끄집어내기만 하면 된다. 조금 뻔뻔해 보여도 상관없다. 학부모를 상담할 때나 학생을 가르칠 때, 강사와 의논할 때에 일관된 태도보다는 상대에 따라 표정을 다르게 하고 감정을 잘 전달하는 사람이 되자. 먼저 웃고, 많이 칭찬하고, 고쳐야 하는 점은 분명하게 지적할 줄 알아야 한다. 변화는 사소한 것에서 시작된다. 바람직한 미래상이 머릿속에서 그려지기 시작하는가?

"에이, 말은 쉽지. 그게 어디 말처럼 쉽게 되나?"

이렇게 반문하는 사람도 있을 것이다. 어떤 시도도 해보기 전에 이미 포기하는 습관은 제발 저 안드로메다로 던져버려라. 성공한 사람의 뒤꿈치라도 쫓아가고 싶다면 말이다.

원장의 역량을 강화하는 것이 먼저 해야 할 일이다. 원장의 경영능력이 갖춰지면 여러 가지 미션을 해결할 수 있는 힘이 생길 것이다. 자신을 갈고 닦는 데 들인 시간과 노력은 나중 큰 결실로 돌아온다는 점을 명심하기 바란다.

여러 능력을 갖추라고 말하는 나도 실제로는 멀티 플레이어가 아니다. 학원을 시작하면서 개원 절차부터 수업 연구, 수업 진행, 재료 준비, 상담, 매뉴얼 작업, 청소, 재무회계, 차량 관리까지 하기 싫어도 어쩔 수 없이 해야 하는 일 때문에 반강제적으로 멀티 플레이어가 될 수밖에 없었다. 그 정도의 일은 이미 대부분의 원장님들이 해왔거나 혹은 하고 있는 일이다. 나역시 몸은 좀 고되지만 그렇게 노력한 덕에 어떤 비상사태에도, 어떤 일이든 위기를 넘길 수 있게 단련되었으니 결국 나의 능력이 향상되었다고 할수 있다.

업무를 줄이고 피해가기보다는 가능한 모든 분야의 일을 직접 경험해 보라고 권하고 싶다. 나도 아직은 더 노력하는 중이고 약점을 극복하기 위해 계속하고 노력하고 있다. 언젠가는 내가 한 말처럼 모든 방면에 능력을 갖춘 멀티 플레이어가 되리라고 믿는다.

극단의 노력과 실천이 멀티 플레이어를 만든다

멀티 플레이어가 되려면 극단의 노력이 필요하다. 솔직히 얘기하면, 나는 멀티는커녕 한 가지도 제대로 해내지 못하고 아등바등하는 쪽에 가깝다. 미술학원을 경영하면서 연구도 하고 다른 학원 컨설팅도 하니까 똑똑해 보이지만 사실은 무식하고 단순한 '평범녀'다. 하지만 전화위복이라고 해야 할까? 나는 어떤 부분이 부족한지 잘 알기 때문에 더 열심히 배우고 노력했다. 그리고 단순한 성격 탓에 여기저기 기웃거리지 않고 한길만을 걸어왔다.

언젠가 남편이 내게 이런 말을 했다.

"당신은 똑똑하진 않은데 언젠가는 꼭 성공할 거라고 봐. 당신은 노력파거든. 밤에 잠 안 자고 밤새고 다음 날 또 씩씩하게 학원일 해내고."

그렇다. 나는 똑똑하지 않지만 노력한다. '어떤 일이든 무식하게 꾸준히 하면 된다.'는 신조로 하다 보니 어느 순간 요령도 생겼다. 꾸준히 노력하면 더딜지라도 반드시 성장한다. 아예 시도를 하지 않는 것보다는 시도하는 게 중요하고, 시도했다면 기왕 하는 거 쌍코피 터지도록 열심히 하는 것, 그게 나의 요령이고 노하우다.

나는 강의나 교육을 받을 때 내 기억력을 믿지 못해서 무식하리만치 거의 모든 내용을 받아 적는다. 내가 필기하는 방법을 간단히 소개하자면, 우선 강의 내용을 필기할 때 세 부분으로 나눈다. 학원에 적용해야 할 내용, 선생님들이 알아야 할 내용, 내가 강의하거나 컨설팅할 때 활용할 내용. 이렇게 섹션을 나누고 강의 내용을 구분해서 정리하면 나중에 적용하기가 편하다.

교육을 받고 실천하면 열 번 만에 이해하는 내용이 있다. 하지만 실천하지 않으면 백번 교육을 받아도 머리로만 이해할 뿐 몸은 이해되지 않는 내용이 많다. 교육을 받고 실천하면 열 가지를 얻을 수 있지만 실천하지 않으면 겨우 한두 가지밖에 얻지 못한다. 즉, 교육의 효과를 극대화시킬 수 있는 요인은 바로 '실천'하는 것이다. 아무리 좋은 교육을 받는다 한들 실천하지 않으면 말 그대로 무용지물이다. 나는 한 가지를 배우면 그 한 가지를 바로 실천에 옮긴다. 내가 할 수 없는 일이라면 그 일을 가장 잘할 만한 선생님에게 맡겨서 실천에 옮기도록 한다.

좋은 교육을 듣고 와서 대부분의 원장님들은 이렇게 생각한다.

"음, 좋은 내용이었어. 나도 적용해 봐야겠는 걸. 일단 지금은 신학기니까 우선 모집에 신경 쓰고, 다음 달에는 미술대회 행사도 있으니 대회가 끝난 다음에 계획을 세워야겠다."

이런 경우 열에 아홉은 대회가 끝난 후에도 실천하지 않는다. 미루는 것은 단지 일의 시기가 늦춰지는 정도로 끝나지 않는다. 교육 받을 때 가졌던 의지와 신념이 퇴색되기 때문에 시간이 지날수록 실천하기가 점점 더 어려워진다. 새로운 것을 배웠다면, 그것이 나에게 필요한 내용이라면 주저하지 말고 당장 실천하자.

출중한 능력을 타고나는 사람은 극소수에 불과하다. 우리는 대부분 부족한 점이 많다. 그래서 실수도 하고 실패도 한다. 하지만 실패가 두려워서 시도조차 하지 않는다면 영원히 제자리걸음만 걷게 된다. 단 1센티미터라도 앞으로 나아가고 싶다면 실천하자. 이때 필요한 것은 극단의 노력이다. 실천하는 것을 미루지 말자. 미루고 또 미루다 보면 성공도 저 멀리 잘 보이지도 않는 곳으로 멀어질 것이다.

미술학원 성공 NOTE

- 교육 스킬과 경영 스킬을 모두 갖춘 CEO가 되자.
- 성공한 CEO는 위기감, 자신감, 그리고 현실감을 가지고 있다.
- 학원에서 일어나는 모든 일을 스스로 해결할 수 있도록 멀티 플레이어가 되자.
- 시도도 하지 않고 포기하기보다 부딪혀 극복하면서 역량을 강화하자.
- 새로운 것은 배우고 실천하는 극단의 노력이 필요하다.

단단한 나무는
부러진다

유연함을 갖춘 수평적 사고하기

내가 강의할 때 강조하는 말이 있다. 미술인이라면 '유연함을 갖춘 수평적 사고'를 해야 한다는 것이다. 미술인은 '예술가의 기질'을 발휘해야 하기 때문에 자기 주관을 뚜렷하게 표현하고 스스로의 만족감을 우선시하는 경향이 있다. 미술 교육자가 예술가의 기질을 지나치게 발휘할 경우 학생들에게 자신의 주관을 강하게 주입하거나 주장을 굽히지 않을 때가 많아서 다른 선생님들과 융합이 어려울 때도 있다. 원장도 마찬가지다. 예술가의 기질이 강한 원장은 다양한 경우의 수를 보지 못하고 외골수처럼 일관된 태도로 학원을 운영하기도 한다. 이런 예술가의 기질은 교육적인 부분과 경영적인 부분에서 어려움을 만드는 가장 큰 위험요소가 될 수 있다. 따라서 유연한 사고는 굉장히 중요하다.

유연한 사고를 하라고 해서 바람에 흔들리는 갈대처럼 자기만의 색깔을 버리라는 말은 절대 아니다. 미술학원은 규모가 크든 작든 사업이다. 미술학원은 교육이 이루어지는 공간이며 업무의 공간이기 때문에 모든 일을 처리할 때 원칙과 규칙에 따라 진행해야 한다. 이 원칙은 학생뿐만 아니라 학부모와 선생님 모두에게 해당된다. 그러나 안타깝게도 규칙은 지키라고 있지만 어기는 상황이 생긴다. 그럴 때 필요한 것이 바로 유연한 사고다.

한 원장님으로부터 이런 상담을 받은 적이 있다. 1인 교습소를 운영하는 원장님이 어느 날 임시공휴일로 수업에 결손이 생겼는데 주말이나 평일에 따로 보강을 해주냐는 학부모의 전화를 받았다고 한다.

원칙을 고수하는 것도 좋지만 때로는 대상과 상황에 맞게 유연하게 대처했어야 하는 학부모인 경우다. 규칙상으로는 보강이 없지만 이 아이만큼은 따로 시간을 내서 보강을 하겠다든지, 과제를 통해서 빠진 수업을 보충한다든지, 어떤 방식으로든 최대한의 성의를 보이고 학부모의 마음을 얻는 편이 훨씬 나은 결과를 가져오는 상황이었다.

모든 학부모의 주문사항을 다 수용하고 맞춰줄 수는 없지만 때로는 융통성이 필요한 경우가 있게 마련이니 원칙을 세우고 그에 맞추되 상대방의 의견을 수용하고 탄력적으로 운영하는 것이 중요하다는 사실을 명심하자.

미술학원 성공 NOTE

- 사람을 상대할 때는 고집 센 예술가의 기질을 버리자.
- 유연함을 갖춘 수평적 사고를 통해 대처능력을 키워야 한다.
- 원칙을 세우고 지키되, 때로는 융통성을 발휘하여 문제를 해결하자.

목표, 계획,
그리고 전술을 알아라

전략적 계획이 목표를 이루는 지름길

앞서 원장의 마인드에 관한 내용에서 꿈에 대해 이야기했다. 꿈을 그리고 목표를 세우는 것이 성공을 향해 가는 첫걸음이라고 했는데, 그 목표를 구체화하기 위해서 가장 중요한 것이 바로 계획이다. 계획이 중요하다는 말은 초등학교에 입학할 때부터 선생님과 부모님께 정말 지겹도록 들어왔다. 귀에 딱지가 앉을 정도로 들었지만 정작 계획을 세우고 실천하는 사람은 그리 많지 않다. 방학 때마다 생활 계획표를 짜고 한 번도 그대로 생활해 본 적이 없는 경험은 비단 나만의 것일까?

목표를 구체화하고 계획대로 실천하는 사람 중에서 실패하는 사람을 못 봤다. 목표가 명확하고 계획한 대로 실천하는 사람들은 대부분 성공했다. 성공담을 다룬 자서전이나 각종 처세서를 읽어 보면 하나같이 목표와 계획의 중요성을 강조한다. 정말 계획만 잘 세워도 80% 이상은 성공하기 때문이다.

하지만 계획을 세우려면 여러 가지를 생각하고 준비해야 한다. 이순신 장군이 전략을 잘 세웠다 하더라도 거북선을 준비하지 않았다면 전략대로 전투하기는 어려웠을 것이다. 승리하기 위해 필요한 것이 전략이라면 목표를 이루기 위해 필요한 것은 계획이라 할 수 있다. 계획을 세울 때는 뭉뚱그려서 막연하게 세우기보다 전략과 전술을 구분해서 구체적으로 세우는 것이 바람직하다. 계획은 자세할수록 실천하기 쉽기 때문이다.

'전략'은 군사용어에서 유래했다. 비즈니스에서 전략이라는 단어를 많이 사용하는 이유는 비즈니스, 즉 사업의 세계가 전쟁만큼 힘들고 어렵기 때문이다. 전략은 '전쟁을 전반적으로 이끌어가는 방법이나 책략'을 뜻한다. 다른 말로 '장수의 법칙'이라고 한다. 장수가 전쟁에서 이기기 위해 전략을 세울 때 '열심히 잘 싸우자!' 혹은 '오전에는 적 함대 10척을, 오후에는 20척을 침몰시키자.' 이런 식으로 계획을 세우지 않는다.

이순신 장군이 명량해전에서 13척의 판옥선을 가지고 300척이 넘는 왜선을 무찌를 수 있었던 이유는 이순신 장군의 전략, 즉 지형과 시간, 자연현상을 적절히 이용한 지략과 일자진의 배치, '必死則生, 必生則死(필사즉생 필생즉사)'라는 말로 대변되는 굳은 결의와 병사들의 충실한 전술 이행 등이 뒷받침되었기 때문이다.

반드시 이기는 전술

미술학원에도 이기는 전술이 필요하다. 축구경기에서는 볼 점유율이 90%라도 골을 넣지 못하면 승리하지 못한다. 볼 점유율이 10%라도 결국은 골을 넣은 팀이 승리한다. 이것이 승리의 공식이다.

그렇다면 미술 교육 시장에서 이기는 전술은 무엇일까? 바로 차별화다. 누구도 따라올 수 없는 경쟁력을 갖추는 것이 차별화 전략이다. 차별화를 이룬다고 해서 모든 학원이 경쟁력을 갖추는 것은 아니지만 보통 경쟁력 있는 학원은 자신만의 차별화된 전략을 가지고 있다. 그런데 차별화 전략을 세우기 전에 먼저 선행되어야 할 것이 있다. 바로 기본을 탄탄히 갖추는 것이다.

어떤 디자이너가 업계에 센세이션을 불러일으킬 만한 독창적인 의상을 제작했다고 가정하자. 하지만 그 옷을 꼼꼼히 살펴봤더니 바느질과 마감 처리가 깔끔하지 못하고 착용감도 좋지 않았다. 이 디자이너가 만든 옷이 시장에서 성공할 수 있을까? 절대 성공할 수 없다.

기초가 탄탄하지 않은 상태에서 눈에 보이는 것만 화려하고 내실이 없다면 성공은커녕 실패의 먹구름이 몰려올 것이다. 학원에서 해야 하는 업무와 수업 준비, 커리큘럼, 하다못해 출·퇴근 시간을 지키는 일 등 가장 기본적인 것을 갖추지 않으면 바느질도 제대로 못하는 디자이너가 옷을 만들겠다고 설치는 것과 같다.

학원을 효율적으로 운영하기 위해서 해야 하는 기본적인 일은 업무의 체계화이고, 이를 위해 제일 먼저 해야 할 일은 모든 업무를 문서로 정리하는 것이다. 미술학원 경영자가 어렵게 생각하는 부분이 바로 문서화, 즉 기록을 남기는 것이다. 미술학원 경영자와 선생님들은 사무적인 업무 스타일에 익숙하지 못하다. 모두가 그렇지는 않지만 미술인들은 느낌과 감각적인 측면이 더 발달했고 문서를 작성하고 정리하는 일에는 익숙하지 않기 때문이다.

교육 내용부터 수업 진행 매뉴얼 등 필요한 모든 자료를 문서로 정리해 놓으면 학원 경영이 원활함은 물론이고 이 문서들은 나중에 기초 자료로 활용되고 지적 재산이 된다. 상담일지, 출석부, 일과표, 안내문, 원생대장, 퇴원생 관리 기록부 등을 기록하는 일이 처음에는 다소 부담스럽겠지만 틀이 잡히면 학원 업무의 진행 상황을 빠르게 파악할 수 있고, 고객 자료를 분석하여 전략을 짜는 데도 도움을 준다. 이런 매뉴얼이 잘 갖춰져 있으면 일의 처리 속도가 빨라지기 때문에 문제가 발생했을 때 더 빠르고 능동적으로 대처할 수 있다.

체계적인 매뉴얼을 갖추는 것이 바로 미술학원 경영에서 이기는 전술이다. 체계적으로 갖춰진 매뉴얼은 학부모로 하여금 학원의 신뢰도를 높이고 전문 교육기관의 이미지를 심어줄 수 있기 때문에 내·외적으로 장점이 많으니 반드시 활용하기를 권한다.

원생 수 증가에 따른 학원의 경영전략 변화

원생수	경영전략	요구사항
21~40명	성실, 노력, 관리, 마케팅에 집중	원장 개인의 능력에 따라서 교육의 질이 달라진다.
41~60명	효과 인식 마케팅	
61~80명	강사 능력과 관리 능력	강사 개개인 능력과 관리 시스템이 필요하다.
81~150명	기초적인 조직력과 경쟁력 있는 프로그램 개발	
150명 이상	열정적인 조직력과 경영자의 리더십	강사의 능력과 경영자의 리더십이 시너지를 발휘해야 한다.

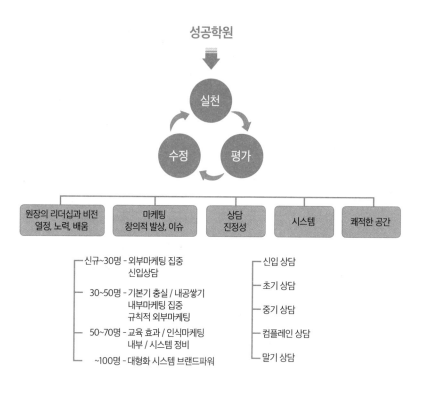

미술학원 성공 NOTE

- 목표를 이루는 데 꼭 필요한 것은 잘 짜여진 계획이다.

- 계획은 구체적일수록 실천하기 쉽다.

- 따라올 수 없는 경쟁력을 갖추어 차별화를 만들어내자.

- 전략과 전술을 세우기 전에 기본기부터 갖추자.

- 문서 작업을 통해 체계화된 매뉴얼을 만드는 것이 학원 운영의 기본이다.

Chapter 02

나만의
브랜드를 만들라

성공의 첫 단추는 학원 이미지 메이킹

1등만 기억하는
'당연한' 세상에 살고 있다

1등이 꼭 되어야 하는 이유가 있다

'1등만 기억하는 더러운 세상'이라는 말은 오래전에 한 개그프로그램에서 나온 이후 인터넷과 방송에서 자주 사용하는 유행어가 됐다. 단지 우스갯소리로 치부하기엔 이 말은 냉정하고 치열한 경쟁사회의 단면을 보여주는 의미 있는 표현이다.

달에 '처음' 간 사람이 누구인지 아는가? 대부분 닐 암스트롱^{Neil Alden Armstron}을 떠올린다. 하지만 달에 두 번째로 간 사람은? 세 번째는 누구인지 기억하는가? 세계에서 '제일' 높은 산이 에베레스트라면 다음으로 높은 산은? 아마 특별히 관심이 있는 사람이 아니라면 대부분은 모를 것이다.

그냥 흔히 하는 말에서도 1등의 중요성은 드러난다. 이 동네에서 '가장' 유명한 식당, 이 가게에서 '최고' 비싼 물건, 한국에서 '제일' 큰 기업 등 더 말할 것도 없다. '처음', '최고', '가장', '제일' 등은 전부 1등을 수식하는 단어들이다.

맞다. 세상은 1등만 기억한다. 1등만 기억하는 사회는 비정하고 인간미가 없어 보이지만 실제로 1등에게는 전혀 다른 의미로 다가온다. 1등에는 모두가 기억하고 인정한다는 의미가 내포되어 있다.

실제로 경영에 적용해서 말하자면 어느 분야에서든 1등이 되면 자연적으로 홍보가 될 뿐만 아니라 투자 유치 등으로 인한 경비 절감과 영업, 마케팅 전반에 큰 플러스 요인이 된다.

저절로 되는 것은 없다

지금도 그렇지만 원장으로 일하던 시절 필아트 본원이 있던 경기도 동두천시는 그리 크지 않은 소도시였다. 그런데 동두천시에서 필아트는 미술학원뿐 아니라 모든 학원을 통틀어 원생 수가 가장 많았다. 원생 수로만 놓고 보면 말하자면 1등 학원인 셈이다. 그런데 많은 원생 수와 1등 학원이라는 평가는 실질적인 혜택으로 이어졌다. 단적인 예로 재료를 구매할 때 항상 대량으로 주문하기 때문에 다른 미술학원보다 훨씬 저렴한 가격에 재료를 구입할 수 있었다.

원생 수가 많다는 것은 자동으로 더 많은 소개가 이루어지는 결과로 이어진다. 따로 노력하지 않아도 자연스럽게 새로 등록하는 원생이 늘어난다. 1등이 아닌 학원은 억울할지 모르겠지만 '1등만 기억하는 더러운 세상'은 어쩌면 '1등만 기억하는 당연한 세상'인지도 모른다.

그런데 필아트도 처음부터 1등 학원은 아니었다. 처음에 작은 홈스쿨로 시작했고, 아파트 상가에 조그맣게 학원을 차린 후 3년 동안 피나는 노력 끝에 1등 자리에 오를 수 있게 되었다. 그 당시 머릿속은 온통 학원에 대한 생각으로 가득 차 있었다. 가족에게는 정말 미안한 이야기지만 언제나 나의 머릿속에 1순위는 학원이었다. 어쩌면 학원만 생각했기 때문에 남들보다 빠른 시간에 많은 것을 이루었는지도 모른다. 남들보다 적은 노력으로 많은 성과를 얻었던 적은 결코 없었다.

살아오면서 내가 들인 노력보다 더 많은 결실을 맺은 적은 별로 없었지만 그래도 내가 들인 노력만큼의 대가는 얻을 수 있었다. 나는 이것을 행운이라고 생각한다. 1등을 목표로 앞만 보면서 무던히 달려서 지금의 궤도에 오르게 된 것이 뿌듯하고 자랑스럽다.

나만의 특장점을 살려라

막상 1등이 되었을 때 또 한 가지 장점은 내부적으로 선생님들에게 자부심이 생기고 마인드도 바뀌었다는 것이다. 지역 내 1위라는 타이틀은 선생님 스스로 자긍심을 갖고 더욱 열심히 해야 한다는 마음을 갖게 하고, 나아가 더 큰 교육 목표와 꿈을 꿀 수 있도록 채찍질하는 역할을 하기 때문에 업무가 힘들어도 스트레스나 불만보다는 더 발전한 모습을 상상하며 일을 즐기게 되었다. 1등의 장점은 이외에도 무수히 많다. 여기서 말하는 1등이란 단지 원생 수가 가장 많은 것을 의미하지는 않는다. 그냥 '최고'라는 수식을 붙일 수 있는 특장점이 있어야 한다는 뜻이다.

'그 학원은 규모는 작지만 수업 하나만큼은 정말 최고야.'
'그 원장님은 진짜 아이들을 아끼는 마음이 최고인 것 같아.'

자, 당신의 학원은 어떤 장점을 1등으로 내세울 수 있는지 돌이켜보라. 1등으로 내세울 만한 것이 아무것도 없다면 당신은 약자다. 그러므로 이제부터 1등 만들기를 목표로 하는 전략을 세워야 한다.

앞에서도 언급했듯이 어느 부분이든 1등의 평가를 받기 위해서는 차별화에 집중해야 한다. 다른 1등의 장점을 단순히 따라하는 것은 그저 후발주자에 불과하다. 비슷한 콘셉트와 모방 행위는 오히려 기존의 1등이 더욱 굳건해지도록 도와주는 역효과를 낳을 수도 있다. 우리 미술학원만의 독특함과 차별화를 강조해서 구체적인 전략과 전술을 세워야만 진짜 1등이 될 수 있다.

미술학원 성공 NOTE

1등 학원이 돼라!

■ 1등의 효과는?

- 경비 절감

  높은 인지도를 갖고 있기 때문에 추가로 들어가는 홍보비가 줄어든다.

- 소개 우위

  마케팅 이론상 1등의 고객 점유율은 30%, 2등의 고객점유율은 5%. 소개로 신규 고객이 유입되는 비율은 무려 36:1이다. 1등으로 내세울 만한 장점을 가지면 소개를 통한 신규생 확보에 유리하다.

- 집중

  관심과 이목이 집중되어 스스로 더 발전을 도모하게 된다.

- 영업

  굳이 나서서 설명을 많이 하지 않아도 학부모를 통한 영업이 이루어진다.

- 안정화

  경쟁 상대의 공략에도 대부분 큰 피해 없이 굳건하게 유지된다. 지나친 경쟁에 휘말리지 않는 것 자체가 이익이고 안정적인 운영이 가능하다.

■ 1등을 하려면?

무조건 열심히 하는 게 아니라 확실한 콘셉트를 잡고 가장 두드러지는 장점을 어필해야 한다. 자세하고 구체적인 계획과 실천이 필요하다. 기본을 갖추고 뛰어난 교육 상품을 개발하여 차별화, 세분화된 전술을 가지고 어느 지역에서, 어떤 대상에게 교육할 것인지 그리고 어떤 마케팅을 해야 할지에 대해서 전략을 세워야 한다.

중요한 성공 포인트는 확실한 프로그램, 강사의 경쟁력, 그리고 마케팅이지만 무엇보다 가장 중요한 것은 학부모와 학생 모두를 만족시키는 관리능력이다. 결국 사람을 얻는 것이 1등으로 가는 최고의 비결인 것이다.

같은 듯 다르게
걷는 길을 가라

이미지 메이킹의 결과는 하늘과 땅 차이다

'지금 당신 앞에 곶감 두 상자가 있다.'고 가정하자. 똑같은 크기와 똑같은 가격의 곶감이다. 상자에 쓰인 문구가 다르다는 게 단 하나의 차이점이다. 한쪽은 '맛있는 곶감', 다른 한쪽은 '맛있는 상주 명품 곶감'이라고 쓰여 있다. 당신은 어떤 곶감 상자를 선택할 것인가? 아마 열에 아홉은 '상주 명품 곶감'을 고를 것이다. 설령 그 안에 들어있는 곶감이 완전히 똑같은 것이라 할지라도, 왠지 '상주 명품 곶감'이라고 쓰여 있는 상자 안의 곶감이 더 크고 맛있게 보일지 모른다. 마찬가지로 똑같은 콘텐츠라도 그것을 어떻게 브랜드로 만들고 어떤 식으로 이미지를 만드느냐에 따라 결과는 하늘과 땅 차이로 달라진다.

아동 미술학원에서 아이들이 만든 조형작품이나 그림은 집에 가져가서 전시하기에는 완성도나 작품성이 떨어진다. 아이들이 그리고 만든 작품을 모아두는 부모님도 있지만, 대부분은 잠깐 감탄하고 칭찬했다가 시간이 지나면 쓰레기가 되는 것이 현실이다. 어쩔 수 없는 현실을 탓하려는 게 아니다. 아이들이 만든 작품을 평가하고 감상하는 시간은 작품을 집에 가져 왔을 때이고, 그때의 부모님 반응이 긍정적일 때 학원 이미지도 긍정적으로 만들어진다.

수업 결과물로 학원 이미지를 만들라

미술학원 수업은 대부분 작품을 만드는 것으로 진행된다. 아이들이 만든 작품을 집에 가져갈 때만큼은 정성껏 꾸미고 예쁘게 포장하면 학부모들이 보기에 어떨까?

작은 차이는 생각보다 큰 효과를 나타낸다. 미술 수업을 통해 만든 작품에 아이의 실력과 미적 감각이 향상되었음을 표현하고 홍보 효과까지 고려해서 최대한 정성껏 포장하고 집에 가져가도록 한다. 이는 필아트에서 즐겨 활용하는 방식이기도 하다.

해가 바뀌면 학원에서 「신년 카드 만들기」 수업을 한다. 일반적으로 카드를 예쁘게 만들고 표현하는 작업에 초점이 맞춰지지만, 필아트는 예쁘고 완성도 있게 작품을 만드는 것에 더해서 효과적인 포장과 전달에 대해서 생각했다. 신년 카드를 명화의 재해석이라는 주제로 여러 가지 기법과 재료로 표현하고 신년을 상징하는 복주머니를 종이로 접었다. 카드 안에는 부모님께 드릴 감사의 편지를 쓰도록 했다. 투명한 비닐봉투에 아이가 직접 만들고 내용을 쓴 카드와 복주머니, 그리고 아이들이 수업하는 모습이 담긴 사진, 원장이 직접 쓴 감사 편지를 함께 넣은 다음 학부모의 직장 주소로 우편을 통해 보냈다. 직장에서 뜻밖의 작은 선물을 받은 학부모는 아이의 작품에 감격했다. 직장 동료들의 부러움과 칭찬에 또 한 번 뿌듯한 기분을 느꼈다는 얘기를 전해들을 수 있었다. 특히 상대적으로 자녀교육에 관심이 적은 아버지들도 미술학원의 팬이 되어 응원해주는 결과를 가져왔다. 이 정도면 비닐봉투와 우표 값을 능가하는 홍보 효과를 가져왔다고 할 수 있지 않을까?

비슷하지만 새로운 방식으로

남들과 똑같은, 혹은 비슷한 것을 하면서도 조금 다르게 접근해서 좋은 반응을 유도했던 예는 또 있다. 빼빼로데이나 특별한 날에는 학원에서 이벤트 성격의 수업을 하는 경우가 많다. 막대 스틱에 초콜릿을 입혀서 데코레이션하는 수업만으로도 아이들은 무척 기뻐한다. 아이들이 좋아하면 부모님의 만족도도 자연히 높아진다. 그냥 기존의 방법대로만 해도 아이들이 충분히 좋아할 수업이었지만 필아트에서는 조금 다른 방식으로 생각했다. 모두가 하는 방식 말고 좀 다르게 할 수 있는 이벤트 수업은 없을까?

그렇게 탄생한 수업이 '필아트의 가래떡 빼빼로 만들기'다. 가래떡으로 빼빼로를 만들면 재료비가 올라가고 과자로 만든 빼빼로만큼 아이들이 좋아하지 않을 수도 있다. 여러 가지를 고려하여 회의하고 고심한 끝에 가래떡에 여러 종류의 초콜릿을 입혀서 데코레이션하고, 또 다른 가래떡엔 꿀을 발라 여러 가지 견과류를 빻아서 묻히면 건강에도 좋고 아이들과 부모님이 모두 좋아할 것이라고 결론을 내렸다. 그리고 실제로 수업에 적용했다. 말랑말랑한 가래떡 빼빼로를 꼬치에 끼우고 내용물이 잘 보이게 예쁜 봉투에 담아 학원 스티커를 붙여서 집으로 가져가도록 했다. 그렇게 이벤

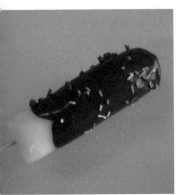

트 수업을 진행한 후 그날 저녁부터 전화와 문자로 부모님들의 긍정적인 반응이 이어졌다. 새롭게 해석한 가래떡 빼빼로에 대한 칭찬과 아이들의 건강까지 생각해서 수업을 해준 선생님들에 대한 감사, 떡을 먹지 않는 아이가 너무나도 맛있게 먹었다는 이야기를 비롯해서 '비용이 만만치 않았을 텐데' 하며 주머니 사정까지 걱정해 주시는 부모님들도 있었다. 이처럼 기존에 해 오던 수업 방식을 새롭게 포장하고 홍보하면 똑같은 수고를 하고도 훨씬 더 좋은 결과를 만들 수 있다.

새로운 시도가 항상 좋은 반응을 이끌어 내는 것은 아니지만 충분한 고민으로 실패 확률을 줄이고 긍정적인 결과를 만들 수 있었다. 또한 이런 경험들로 인해 필아트는 더 힘을 내서 새로운 내용의 수업을 아이들에게 만들어 주겠다는 의지를 키워 나가게 되었다.

미술학원 성공 NOTE

- 똑같은 콘텐츠라도 어떻게 브랜드화 하고 이미지를 만드느냐에 따라 결과는 달라진다.
- 비슷한 것도 새롭게 접근해서 차이를 만들자.
- 포장하고 전달하는 방식도 홍보에 활용할 수 있다.
- 충분한 고민과 꾸준한 시도를 통해 새로운 수업을 더 발전시키자.

커리큘럼은
트렌드에 맞아야 한다

우리 학원의 대표 메뉴는?

유명한 맛집을 보면 여러 가지 메뉴를 판매하지 않는다. 대부분 한두 가지 메뉴만 판매한다. ○○감자탕집, □□떡볶이, △△돈가스 등 특정 메뉴를 간판에 내세운 가게에 막상 들어가면 감자탕, 떡볶이, 돈가스 등의 유명한 메뉴만 있는 것은 아니다. 정말로 한 가지 메뉴만 파는 곳도 있지만 대부분은 기본적인 몇 가지 메뉴에서 가장 인기 있는 대표 메뉴가 가장 많이 팔린다.

학원도 비슷하다. 미술학원이 하나만 있는 것도 아니고 미술학원에서 가르치는 내용이 대부분 비슷한데, 그저 같은 내용을 같은 방식으로 수업해서 어떻게 다른 학원보다 앞설 수 있겠는가?

사실 미술학원에서 한 가지 교육 프로그램만 제공하는 건 불가능하다. 워낙 미술 분야가 다양하기 때문에 한 가지만 가르칠 수 없다. 그렇다고 모든 걸 다 가르치는 학원이라고 홍보하는 것이 좋을까? 김치찌개 한 가지만 확실하게 잘하는 맛집이 50가지 메뉴를 하는 식당보다 잘되지 않던가? 미술학원도 기본적인 수업을 하되, 내세울 수 있는 대표 메뉴, 즉 주력 콘텐츠를 정해서 지속적으로 홍보하고 학생이나 학부모와 상담할 때도 이를 적극적으로 어필해야 한다. 가능하면 기본적인 수업도 타 학원과 차별화되도록 개선한다면 금상첨화이다. 그런데 이 주력 콘텐츠가 시대에 뒤떨어진 것이라면 효과는커녕 오히려 학원 이미지에 마이너스로 작용한다. 교육시장과 시대의 흐름을 읽고 앞서가는 콘텐츠를 개발해서 적용하는 것이 필수인 것이다.

요즘 아이들은 바쁘다. 여러 학원을 다니느라 바빠서 미술을 접할 기회가 적다. 따라서 학원에서 그리기나 만들기 정도의 기본적인 수업만 진행하는 것보다 학교나 집에서 할 수 없는 다양한 체험을 수업에 접목시켜야 한다. 또 4차 산업시대에 걸맞는 콘텐츠, 즉 컴퓨터와 모바일 기기를 활용하는 첨단 수업 방식의 도입도 필요하다.

필아트는 '예술과 기술의 융합으로 미래 인재를 만드는 통합 미술 교육'을 추구한다. 그게 맞게 제공되는 수업 프로그램들은 대략 아래와 같다.

파인아트	기초실기, 수채화, 유화, 동양화, 서예, 소묘 등
디자인	시각/편집/패턴/패션 디자인, 타이포그래피, 영상, 제품, 인테리어, 디스플레이
조형	만들기, 꾸미기, 조소, 조형물 제작, 점핑 리사이클아트, 공예
페이퍼아트	종이접기, 한지공예, 종이공예
푸드아트	푸드아트, 데코레이션, 떡공예, 푸드스타일링
북아트	펜북, 주머니북 파일부그 포켓북, 팝업북, 액자북, 계단북
퍼포먼스	오감퍼포먼스, 색채퍼포먼스, 샌드아트, 율동퍼포먼스, 드로잉퍼포먼스
스토리텔링	스토리텔링 퍼포먼스, 스토리텔링 협동화, 스토리텔링 조형
스쿨	미술 과제지도, 미술 내신지도, 미술 대회집중 집도

심리	그룹심리, 가족심리 프로그램을 통한 마음 보듬기
필큐빅아트	수학+과학+조형이 결합된 입체조형프로그램
명화	APP(artist project program)을 통한 명화수업
코딩	코딩적 사고를 높이며 문제해결능력과 융합적 인재를 육성하는 프로그램
애니	스마트폰 어플을 사용한 프로그램으로 아이가 진정으로 좋아하는 수업
디저털아트	디지털을 사용하여 앞으로의 아이들이 접할 수 있는 미래의 미술 수업
디렉터	미술의 가장 기초가 되는 수업들을 영상을 통한 감각적으로 접할 수 있는 수업

이외에도 다양한 수업과 교재, 수업과 운영에 활용하는 e러닝 시스템 등이 이미 구축되었고, 현재 개발된 콘텐츠도 무궁무진하다. 통합 미술 교육은 미술을 통해 다양한 영역을 경험하고 표현하는 부분에 포커스가 맞춰져 있다. 마치 5대 영양소가 골고루 들어있는 균형 잡힌 식단처럼 다양한 미적 영역을 경험하고 습득하면서 미술의 밸런스를 맞춰주는 형태로 커리큘럼을 만들었다. 기본적인 드로잉과 회화수업, 만들기를 포함해서 클레이, 종이접기, 퍼포먼스, 요리미술 등 그 종류와 가지 수도 다양하고 각각의 학습효과를 체험할 수 있도록 구성되어 있다.

위에 소개한 프로그램 중에서 몇 가지 주력 콘텐츠를 살펴보자.

아트 오브 코딩

코딩이란 단순히 컴퓨터 언어를 배우는 것이 아니라 컴퓨터처럼 순서에 맞게 문제를 해결하는 능력을 배우는 교육으로 문제 해결 과정에서 자연스럽게 논리력과 창의력을 키우게 되어 미래 인재의 필수교육으로 각광받고 있다. 이미 영국, 스웨덴 등 유럽 선진국에서는 수년 전부터 만 5세 이상 코딩 교육을 의무화했고, 미국과 중국에 이어 우리나라도 공교육 필수과정에

코딩을 반영하기 시작했다. 애플 아이폰의 개발자이자 혁신의 아이콘이었던 스티브 잡스나 페이스북을 만든 마크 주커버그도 코딩의 중요성을 강조했다. 우리가 자주 쓰는 앱을 만든 개발자들은 모두 일찍이 코딩을 공부했던 사람들이다. 쉽게 말하면 코딩을 배울 경우 게임을 할 줄만 알았던 아이가 게임을 만들어 내는 아이로 바뀔 수 있다는 것이다.

이렇게 코딩의 중요성이 점점 커지는 가운데 필아트에서는 이미 코딩교육의 필요성을 알고 국내 최초로 미술 수업에 반영하고 있다. 단지 어설프게 흉내 내는 정도의 수업이 아니라 코딩 교육만 전문적으로 하는 학원보다 많은 48개의 프로그램을 사용, 난이도별 단계수업과 유튜브 등을 이용한 영상 지원, 오조봇과 같은 코딩 로봇을 사용한 높은 수준의 수업을 진행하고 있다.

아트 오브 애니

애니메이션 수업은 아이들이 가장 좋아하는 수업인 만큼 예전부터 많은 교육원에서 수업을 해왔다. 하지만 필아트의 아트 오브 애니 프로그램은 대학의 애니메이션 학과와의 디지털애니메이션 협력으로 수준 높은 프로그램으로 구성되어 있다. 체계적인 애니메이션 제작 과정을 갖추고 1년의 정규 과정 수료를 통해 실력과 자신감을 키울 수 있도록 기회를 제공한다. 뿐만 아니라 온라인 영상교육과 워크시트를 활용하여 쉽고 전문적인 수업이 가능하기 때문에 강사가 수업에 할애하는 시간은 줄이고 학습 효과는 극대화할 수 있다는 장점이 있다.

필 큐빅아트

필아트에서 융합인재를 육성할 목적으로 개발한 '필 큐빅아트' 수업은 이미 필아트의 대표 콘텐츠로 유명하다. 이 수업은 융합인재를 육성하는 교육에 관심을 갖고 필아트 연구소에서 자체적으로 개발한 교육 프로그램으로, 미술 수업을 하면서 수학과 과학을 동시에 학습하여 융합적 사고를 길러주는 프로그램이다.

필 큐빅아트는 손을 베일 염려가 없고 각도를 조절할 수 있는 기능으로 특허 받은 칼인 '세타커터'를 활용해서 입체조형 미술 수업을 진행하는데 도형, 패턴, 반복, 공간, 평면, 입체 등 미술 제작 과정에서 필수적으로 들어가는 수학적 요소를 효과적으로 접목시켜서 탄생했다. 수학과 과학을 결

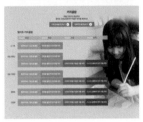

합한 입체미술활동을 통해 아이들에게 흥미를 유발하고 창의력, 사고력, 공간지각력, 지구력 및 집중력을 향상시키는 특별한 프로그램이다.

지금까지 소개한 교육 콘텐츠들은 필아트를 홍보하고 자랑하기 위해서 소개한 것이 아니다. 아니, 그런 의도가 1도 없다고는 할 수 없지만, 솔직히 그보다 더 큰 의도는 당신 스스로 이렇게 내세울 만한 콘텐츠나 프로그램이 있는지, 있다면 얼마나 잘 알리고 있는지 돌이켜보길 바라는 마음에서다.

잘 갖추어진 콘텐츠는 아이들이 학원을 좋아하고 수업을 즐기게 만들어준다. 수업에 몰입하고 감동하는 친구들은 학원에 대한 충성도도 향상된다. 하나의 좋은 콘텐츠로 인해 다른 수업에서도 모범적인 학습태도를 보이고 학부모와 자녀 사이의 소통에도 긍정적인 영향을 미친다.

좋은 콘텐츠의 개발과 체계적인 교육 프로그램이 학원 경영에서 얼마나 중요한 것인지를 분명하게 깨닫는 기회가 되었기를 바란다.

- 우리 학원만의 주력 콘텐츠를 개발하고 홍보하자.

- 시대에 뒤떨어진 콘텐츠는 학원 이미지에 부정적인 영향을 줄 수 있다.

- 통합 미술 교육을 위해 대표 콘텐츠 외에도 다양한 프로그램을 갖추어야 한다.

- 영양소가 골고루 들어간 식단처럼 균형 잡힌 커리큘럼을 만들자.

아이가 그리워하는
학원을 만들라

고객은 왕이다?

학원은 교육기관이다. 동시에 교육 서비스를 판매하는 사업장이기도 하다. 식당이나 주유소, 백화점 등 상품을 판매하는 사업장에서 가장 흔하게 볼 수 있는 문구가 있다.

'고객은 왕이다.'

굴지의 대기업들도 마찬가지로 '고객을 늘 최우선으로 한다.'는 모토를 내세우고 있다. 학원을 운영할 때도 역시 '고객은 왕이다. 고객은 무조건 옳다.'는 마음가짐을 가져야 한다. 말도 안 되는 요구나 부당한 처사에 말 한마디 못하고 소위 '갑질'을 참으라는 얘기가 아니다. 학원 경영자의 가치와 생각을 고객 중심으로 맞추고 개선해야 한다는 뜻이다.

그러기 위해서는 먼저 고객의 마음을 읽어야 한다. 공감과 소통을 기반으로 한 상담, 설문, 교육 후기, 문자 등을 활용해서 고객의 마음을 읽는 노력이 필요하다. 고객의 마음을 읽는 도구는 그 외에도 수없이 많다. 다양한 방법으로 고객의 요구를 파악한 다음 반드시 실천으로 이어져야 한다. 알다시피 학원에서 고객은 바로 학생과 학부모이다. 기업의 흥망을 좌우하는 것이 고객이듯 학원 성공의 성패도 학생과 학부모에 의해 주도된다.

학원을 운영하다 보면 운영에 큰 도움을 주는 학생과 학부모가 있는 반면 '아무리 고객이 왕이라도 정말 옳지 않을 경우에는 충고를 해야 하지 않을까?'라는 고민을 하게 될 때가 있다. 사실과 다른 주장을 하거나, 옳지 않은 방법을 고집하거나, 혹은 자기중심적인 생각과 행동으로 타인에게 피해를 주는 부분은 긍정의 힘과 인내심을 갖고 바른 방향으로 바꾸려고 노력해야 한다. 그래도 고객이 변하지 않고 가능성도 보이지 않는다면 어떻게 해야 할까?

나는 '왕이 옳지 않을 때는 왕을 버려라!'라고 말한다. 정성을 다해서 지도했던 학생이 있었다. 그 학생은 미술학원을 좋아하고 열심히 한만큼 좋은 결과를 만들어냈고 성취도도 높았다. 하지만 수업료를 제때 내지 않은 것이 문제였다. 나도 미술학원 경영자이기 전에 주부이기 때문에 살림을 하다 보면 힘든 달도 있고, 여러 가지 이유로 자금 사정이 좋지 않을 때가 있다는 것을 잘 알고 있다. 사정이 여의치 않으면 수업료를 미납할 수도 있다고 생각한다. 그러나 여러 달 동안 계속되는 수업료 미납에 대해 학원에서는 어쩔 수 없이 수업료 납부 요청 공문을 보낸다. 그러자 그 학부모와 친했던 주변 사람들이 '돈 밝히는 학원'이라고 항의 전화를 하면서 부정적인 여론을 형성한 일이 있었다. 이럴 때도 고객이 옳을까? 학원 경영자 입장에서 정중하게 퇴원을 권해드렸다.

그렇게 학원을 그만두고 2년 정도 시간이 흐른 어느 날, 그 학생의 할머니가 학원을 방문했다. 할머니는 어떤 일이 있었는지 알고 있었고 미납된 수업료에 대해서도 알고 있었다. 필아트를 다시 찾은 할머니는 이런 말씀을 하셨다.

"다른 미술학원도 보내봤지만 아이가 가고 싶은 학원은 필아트뿐"이라고. 자식 이기는 부모는 없다고 했다. 할머니는 사과하며 아이를 다시 맡아 지도해달라는 부탁을 했고 그 학생은 다시 필아트에서 수업을 받게 되었다. 선생님의 사랑과 정성 어린 가르침이 아이를 학원으로 돌아오게 만든 것이다. 더불어 부당한 요구를 한 고객에게는 적절한 제제를 가하는 것이 오히려 약이 될 수 있다는 사실을 깨닫는 계기가 되었다.

아이가 그리워하는 학원이 되라

학원에는 고객이 다양하다. 그중에서도 일등 고객은 당연히 아이들이다. 학부모와 학원의 관계나 역할도 중요하지만 학부모는 어디까지나 2차 고객이다. 1차적으로 교육 서비스를 제공받는 주체는 바로 학생이라는 점을 기억해야 한다.

가끔 아이들에게 신경질적으로 대하면서 학부모를 대할 때는 세상에 둘도 없이 상냥한 모습으로 변하는 선생님들이 있다. 학부모가 수업료를 지불한다는 이유로 아이들을 우선순위에 두지 않는 학원 경영자나 선생님들을 보면 정말 안타까운 마음이 든다. 아이들을 대할 때는 기본적으로 사랑을 밑바탕으로 해야 진정성 있는 교육이 이루어진다. 그래야 아이와 더불어 학부모가 신뢰하게 되고 학원도 성장하는 법이다.

내가 원장으로 있던 시절 필아트 본원의 재등록 비율은 80% 이상이었다. 학생들의 친인척이 등록하는 비율도 높았다. 인상적인 것은 경제 사정이나 학과 공부 등의 이유로 퇴원한 후의 피드백이다.

"아이가 필아트 차만 봐도 좋아해요!"

"선생님도 보고 싶고, 선생님도 나 보고 싶을 텐데…, 학원 가야 하는데…" 이런 말 등을 한다는 것이다.

그러면서 선생님들이 얼마나 많은 사랑과 애정을 아이에게 쏟았는지 느낄 수 있었다고 말하는 학부모들이 있다. 이런 학부모들은 사정이 좋아지면 언제든 다시 등원하거나 하다못해 주변 사람들에게 학원을 적극적으로 소개하는 경우가 많다. 학원 경영자 입장에서 이보다 더 고마운 일은 없다. 우리는 단지 해야 할 일을 했을 뿐이다. 조금 더 신경을 썼다는 것, 그걸 알아주는 아이들과 부모님을 볼 때마다 큰 감사와 함께 일하는 보람을 느낀다.

그럼에도 불구하고 긴장의 끈을 놓아서는 안 된다. 학생과 학부모는 학원들을 끊임없이 비교하고 평가한다. 그리고 언제든 떠날 준비가 되어 있다. 때로는 학원 경영에 해를 끼칠 수도 있는 잠재적인 존재다. 내 품 안의 고객을 최대한 충성고객으로 만들도록 노력해야 하는 이유다.

미술학원 성공 NOTE

- 가치와 생각을 고객 중심으로 맞추고 개선해 나가야 한다.
- 고객 중심 경영은 고객, 즉 학생과 학부모의 마음을 아는 것에서 시작된다.
- 마음을 알기 위해 전화, 문자, 편지 등 다양한 수단을 활용해 꾸준히 소통하자.
- 학원의 1등 고객은 학부모가 아닌 학생이다.
- 사랑을 가지고 진정성 있는 수업을 하면 아이가 그리워하는 학원을 만들 수 있다.

우리 지역은
어떤 곳일까?

지역 특징을 파악하고 그에 맞게 공략하라

학원장 시절 필아트 본원이 위치했던 동두천시는 내가 태어나고 자란 곳이었다. 학창 시절을 보내고, 성인이 된 후에 일터를 꾸린 나의 고향이자 삶의 근거지라고 할 수 있다. 객관적으로 평가하면 경제적인 부분이나 교육적인 부분, 환경적인 부분에서 아직 개선해야 할 것이 더 많은 도시다. 동두천시는 교육 서비스 시설이 부족하기 때문에 필아트에서 해야 할 일이 많았다. 긍정적인 측면에서 보면 여러 가지로 가능성이 많은 도시였다. 하지만 아쉽게도 미술 교육에 관한 관심과 욕구는 그리 많지 않아서 힘들었던 곳이다.

최근의 교육 경향이 창의성과 융합적 사고, 4차 산업을 이끌어 갈 미래 인재 육성을 강조하는 방향으로 전환되면서 단순히 국영수 위주의 학습보다는 다양한 체험 활동과 기능적인 측면, 예술적인 경향, 디자인 감각 등을 통합해서 습득하는 능력이 부각되고 있다.

미술학원을 운영하는 원장님들이 가장 안타깝게 생각하는 부분이 바로 이것이다. 미술은 여러 가지 학습에서 우선순위에 들지 않는다. 소위 말하는 주요 과목 중심의 교육에서 미술은 제외된다. 미술학원 경영자 입장에서 이런 상황을 지켜보고만 있어야 할까?

미술을 사랑하고 배우고 가르치는 미술학원에서는 어느 때보다도 미술 교육이 중요하다는 것을 누구보다 잘 알고 있다. 미술 교육은 주요 과목 못지않게 중요하다는 사실을 학부모에게 알려야 한다. 그리고 미술 교육이 어떤 방향으로 변해야 아이들의, 우리의 삶이 아름다워질 수 있는지를 알려야 한다.

필아트에서는 미술 교육의 중요성, 다른 과목들과 연계되는 부분을 오래전부터 진지하게 고민했다. 현실을 탓하기보다는 미술 교육의 중요성을 알리기 위해 끊임없이 노력했다. 그 결과 필아트 본원은 내가 운영하던 당시 동두천 지역에서 입시학원을 비롯한 여타의 학원들과 동등하게 경쟁하면서 주요 과목을 가르치는 학원들 이상의 수업료와 학부모들의 응원을 받으며 성장할 수 있었다.

세일즈에서 흔히 하는 말이 있다. 시베리아에서도 에어컨을 팔 수 있어야 성공한다고. 그런데 학원은 접근하는 방식이 다르다. 지역의 특징이나 학부모 성향 등이 학원 운영의 성패를 좌우한다. 경제력이 떨어지는 지방 소도시라면 가성비가 훌륭한 교육 프로그램을 강조하고, 드라마 스카이캐슬에 등장했던 학부모들처럼 높은 교육열을 가진 지역이라면 수준 높은 퀄리티와 차별화된 수업을 어필해야 하는 것이다. 미술 교육 필요성도 인지하지 못하고 무관심한 학부모가 많았던 지역 특성을 알고 내가 지속적으로 학부모 교육과 교육 정보 제공을 했듯이 당신도 모든 정보력을 동원하여 충분한 시장 분석과 고객 성향 파악 등의 물밑 작업을 해야 한다. 더불어 진정성을 가진 교육비전을 제시한다면 성공의 기초를 만들 수 있다.

- 나의 학원이 위치한 지역의 특성을 파악하자.

- 단순히 학원을 홍보하기보다 미술 교육의 중요성을 알리자.

- 지역의 특성을 알고 학부모의 성향을 체크하여 그에 맞는 전략을 세워야 한다.

- 지역 학부모의 성향에 맞춰 교육 비전을 제시하자.

미술학원 창업 길라잡이

미술학원을 창업하는 데 필요한 모든 내용을 다음과 같은 주제로 분류하여 정리하여 보았다. 새로 창업하는 미술인은 물론 기존에 교육원을 운영하고 있는 원장님들도 놓친 부분이 없는지 꼼꼼하게 살펴보기 바란다.

1. 미술 교육원 개설에 필요한 법적 지식 – 홈스쿨 vs 교습소 vs 학원

학원은 이미지가 중요하다. 학원도 엄연히 교육 서비스를 제공하는 사업이지만 교육이라는 명분으로 운영되기 때문에 이익을 추구하는 이미지보다 '교육기관' 이미지를 극대화해야만 살아남을 수 있다. 학원 운영과 행사, 홍보 등 모든 부분을 기획할 때 그 기본에 '교육'을 염두에 두어야 한다.

교육의 형태, 즉 홈스쿨, 교습소, 학원 중 어떤 방식으로 운영되든지 교육기관이라는 기본을 잊지 말고, 형태에 따른 학습 내용을 명확하게 갖추기 위해 교육사업에 대한 기본적인 지식을 알아야 한다.

학원과 교습소의 차이점

구분	학원	교습소
시설규모	학원 설립·운영에 관한 법률 조례의 규정에 의한 학원의 시설규모로서 지역별로 다름 예) 50~230㎡ 이상 또는 45~230㎡ 이상	제한 없음
설립·운영자 결격사유	학원 설립·운영에 관한 법률 제9조	사회교육법 제6조 학원 설립·운영에 관한 법률 제14조제5항

강사 채용 가능 여부	채용 가능	채용 불가(단, 출산 또는 질병 등의 사유가 있을 때는 교육감이 정하는 바에 따라 임시 교습자를 둘 수 있음)
1㎡당 수용인원	1.2인 이하	0.3인 이하
같은 시간에 교습 받는 인원	원칙에 의하되 1㎡당 수용인원 범위 내 예) 강의실 1.2인 이하, 열람실 0.8인 이하	9인 이하 (피아노의 경우는 4인 이하)
1인이 2개소 이상 운영 가능 여부	가능	1인이 1개소에서 1과목만 가능
교습과정	학원 설립·운영에 관한 법률 시행령의 7개 분야(직업기술, 국제실무, 인문·사회, 경영실무, 예능, 입시·검정, 독서실)	예능, 기술 등 교습

교육청 고시 학원·교습소 설립·운영자의 책무

평생교육 담당자로서의 책무

자율과 창의로 학원을 운영하며, 학습자에 대한 편의제공, 적정한 교습비 등의 징수를 통한 부담경감 및 교육기회의 균등한 제공 등을 위하여 노력하는 등 평생교육 담당자로서의 책무를 다하여야 한다.

교육환경의 정화

교육환경을 해할 우려가 있는 영업소와 가까운 장소에서 미성년자를 주된 학습자로 하는 학원·교습소를 설립·운영할 수 없으며, 당해 학원·교습소의 교육환경 및 위생시설을 깨끗하게 유지·관리하여야 한다.

수강생 안전과 보상대책

각 자치단체의 조례가 정하는 바에 따라 학원·교습소의 운영과 관련하여 학원·교습소의 수강생에게 발생한 생명·신체상의 손해를 배상할 것을 내용으로 하는 보험가입 또는 공제사업에의 가입 등 필요한 안전조치를 취하여야 한다.

학원·교습소에서 게시하여야 할 사항

학원설립·운영등록증(교습소설립·운영신고증명서), 교습비 등 게시표, 강사 게시표(학원에 한함) 세 가지는 눈에 잘 보이는 곳에 게시하여야 하며, 미게시 할 경우 행정처분(벌점 15점), 과태료(교습비 등 게시표, 강사 게시표 500,000원, 2회 이상 적발 시 가중처분) 처분 대상이 된다.

옥외 가격 표시제 시행

학원의 설립·운영자 및 교습자는 시설 여건 등을 고려하여 교습과목, 교습비 등을 건물 주 출입구 주변, 학원 및 교습소 주 출입구 주변, 외부에서 잘 보이는 건물 외벽 등의 공간 중 어느 하나의 옥외표시장소에 자율로 정하여 게시하여야 하며, 미게시 할 경우 행정처분(1차 : 20점, 2차 : 30점, 3차 : 40점) 대상이 된다.

교습비(변경) 등록 및 공개

국민의 알권리를 보장하고 학원·교습소 운영의 투명성을 높이기 위하여 시도교육청 홈페이지에 교습비를 공개하도록 하였으므로 교습비 변경 시 즉시 교육청에 등록하여야 하며, 미등록 시 행정처분(벌점 10점) 대상이 된다.

학원	교습소
① 학원 설립·운영 등록 신청서 ② 성범죄 경력 조회 및 아동학대 관련범죄 전력 조회 동의서 ③ 행정정보 공동이용 사전 동의서 ④ 학원원칙 ⑤ 교습비 등록 신청서 ⑥ 학원 위치도 및 층별 현황 ⑦ 평면도(면적 및 실별 명칭 표기) ⑧ 임대차계약서 또는 사용승낙서(원본) ⑨ 건축물대장(표제부, 전유부), 건축물 현황도(필요시) ⑩ 민원 처리 결과 정보통신망 통지 동의서(문자메시지 알림용) ⑪ 설립자 신분증 사본(대리인 방문 시 위임장(인감 날인) 및 인감증명서, 위임자 신분증 지참) ⑫ 다중이용업소에 해당될 경우 소방시설완비 증명서 ⑬ 숙박시설을 갖춘 학원 및 수용인원 300명(570㎡) 이상인 학원: 전기안전점검확인서	① 교습소 설립·운영 신고서 ② 성범죄 경력 조회 및 아동학대 관련 범죄 전력 조회 동의서 ③ 교습비 등록 신청서 ④ 교습소 위치 및 시설 평면도(면적 표기) ⑤ 임대차계약서(원본) ⑥ 건축물대장(표제부, 전유부) ⑦ 민원 처리 결과 정보통신망 통지 동의서(문자메시지 알림용) ⑧ 대학졸업증명서(전문대졸 이상) 또는 대학 2학년 이상 수료증명서 또는 졸업예정증명서(재학증명서 불가) ⑨ 증명사진(3×4) 2매 ⑩ 신분증
※ ①~⑥번, ⑩번 서식 문서는 교육청에 비치되어 있음 ※ 법인인 경우 추가서류 : 정관(공증), 이사회 회의록, 인감증명서, 법인등기사항 전부증명서, 사용인감계(사용인감이 따로 있는 경우), 법인 위임장	※ ①~③번, ⑦번 서식 문서는 교육청에 비치되어 있음

홈스쿨

이 책의 전반에 걸쳐 학원 운영과 관련된 내용이 주로 언급되기 때문에 상대적으로 비중이 적은 홈스쿨과 교습소에 대해 조금 더 살펴보기로 하자.

미술 교육 시장에는 최근 대형 학원보다는 1인 소규모 창업자가 운영하는 홈스쿨이나 소형 교습소가 빠르게 늘고 있다. 이 중 홈스쿨 창업은 별도의 법령이 마련되어 있지 않아서 비교적 제약이 많지 않다. 우선 홈스쿨을 운영하려면 의무적으로 관할 교육청에서 개인과외교습자 신고를 해야 한다. 교육청에서 정한 양식에 따라 학력과 교습 장소, 학생 수, 교습료 등을 적어서 제출한다. 허가가 아니라 신고이기 때문에 별도로 인허가 증명이 발급되지는 않는다. 다만 신고한 후에 한 번 더 교육청에 방문해서 신고필증을 수령해야 한다.

홈스쿨 창업자가 궁금하게 생각하는 것이 하나 더 있다. 사업자등록을 해야 하는가인데, 원칙적으로는 사업자등록을 해야 한다. 세법에 따르면 지속적이고 반복적인 행위를 통해 소득이 발생할 경우 그 매출액과 관계없이 사업자등록 의무가 발생한다고 되어 있기 때문이다. 하지만 반기별로 600만 원 미만의 매출을 올릴 경우 사업자등록을 하지 않아도 되며, 600만 원 이상 1200만 원 미만인 경우는 통상적으로 사업자등록을 한다. 사업자등록을 하지 않으면 카드결제가 불가능하고 현금영수증을 발행할 수 없다. 이 때문에 소득이 노출되지 않아 세금이 부과되지 않는다는 이점이 있지만, 학부모가 교육기관을 선택할 때 지출내역을 증빙하지 못하는 홈스쿨을 신뢰하지 않을 수도 있다는 단점을 가지고 있다.

요즘은 신용카드가 보편적인 결제수단으로 자리 잡았기 때문에 카드결제나 연말정산 등의 이유로 어쩔 수 없이 사업자등록을 하는 경우가 많다. 법적인 규제 때문에 의무적으로 사업자등록을 하는 곳은 거의 없다. 사실 아동미술 홈스쿨로 엄청난 고소득을 올리는 경우는 드물다 보니 사업자등록을 하지 않아도 무방하지만 그래도 원칙은 사업자등록을 하는 것이 맞다.

홈스쿨은 가정에서 교육이 이뤄지는 형태로 초기비용이 거의 들지 않아서 개설이 쉽고 수업에 필요한 교구와 집기만 있으면 시작할 수 있다. 다만 초기에는 홍보물을 만들고 배포하는 데 비용이 약간 들어갈 수 있다.

교육 서비스에서 1인 기업의 특징을 가장 많이 나타내는 홈스쿨은 '전문성'이라는 이미지를 드러내기에 미흡한 점이 있다. 하지만 사생활과 교육업무를 철저하게 분리해서 운영하면 얼마든지 전문성을 높일 수 있다. 수업공간과 가사공간을 확실히 구분 짓는 일은 물론이고, 집에서 아이들을 가르치면 학원에서 가르치는 것보다 더 마음가짐을 다잡아서 선생님답게 행동할 필요가 있다.

홈스쿨은 규모가 작을 뿐 수업에 있어서 만큼은 대형 학원 못지않은 수업 준비와 체계적인 교육 프로그램을 갖춰야 하고 특히, 집에서 수업이 이루어지기 때문에 지저분한 살림의 흔적이 보이거나 트레이닝복에 티셔츠를 입은 채로 아이들을 가르치는 일은 절대로 없어야 한다.

교습소

교습소는 일반적으로 학원 설립·운영에 관한 법률에 따라 60㎡ 이내의 상가 건물을 임대해서 운영하는 곳이 많다. 교습소는 직원을 채용할 수 없기 때문에 원장이 강사 역할까지 수행해야 하는데, 홈스쿨보다 비교적 규모가 크기 때문에 준비하고 관리해야 할 요소가 많다. 특히 상가 건물을 임대해서 교습소를 운영한다면 임대차계약으로 인해 문제가 생기지 않도록 꼼꼼하게 살펴보고 계약을 체결해야 한다. 필요하다면 전문가의 도움을 받는 것이 좋다.

교습소에서 학생들을 모집할 수 있는 범위는 그리 넓지 않지만 소자본으로 운영하는 홈스쿨에 비해 고소득을 올릴 가능성이 높다. 대부분 교습소가 그렇듯 좁은 지역을 범주로 하는 경우는 특히 입소문의 영향을 많이 받기 때문에 지역의 학부모나 주변 이웃 등과 친분을 쌓을 필요가 있다. 거기에 더해 자신의 일상적인 부분까지 놓치지 않고 관리해서 긍정적인 이미지를 심어주도록 노력해야 한다.

규모가 크든 작든 교육 사업이기 때문에 당연히 미술 전문가로서 자질을 배양해야 하고 미술 교육자로서 교육 철학을 가져야 학부모의 인정을 받을 수 있다. 또한 홈스쿨과 마찬가지로 학원보다 규모는 작지만 질적으로 높은 수준의 교육 프로그램을 계획하고 체계적인 운영을 해야 한다는 점을 명심하자.

2. 입지 선정 – 규모에 따른 입지 조건

홈스쿨은 입지를 크게 고려하지 않는다. 왜냐하면 현재 살고 있는 집에서 교육이 이루어지기 때문이다. 하지만 학원이나 교습소를 창업할 때는 입지가 상당히 중요하다. 우리나라 학부모의 교육열은 대단히 높다. 내 아이를 믿고 맡길 수 있으며 제대로 된 교육을 하는 곳이라면 산꼭대기에 있어도 찾아가서 아이를 맡길 정도로 말이다. 그래서 교육 사업에서 1순위는 입지가 아니라 실력이라고 말하는 사람도 있다. 하지만 비슷한 교육 서비스를 제공한다면 입지가 좋아야 학생들이 찾아오기 편하기 때문에 입지가 중요하다. 특히나 안전관리가 중요한 아동미술의 경우는 더욱 그렇다. 차량을 운행한다면 학원 차량이 안전하게 주·정차할 수 있는 공간이 있는지 확인해야 한다.

필아트 본원이 있던 건물은 여러 학원과 병원이 함께 쓰는 복합 상가였다. 학원을 이동하는 학생들의 동선이 짧아서 학원들 사이에 연계되는 장점이 있지만 여러 학원이 한 건물에 있어서 학원이 동시에 끝나면 엘리베이터나 학원 차량을 타고 내릴 때 혼잡해질 우려가 있어 항상 관리 선생님을 배치해 안전에 각별히 신경을 썼었다.

학원의 입지뿐만 아니라 층수도 말하지 않을 수 없다. 아동, 특히 유아들이 많이 찾는 학원에서는 2층과 3층의 차이도 크다. 아파트 단지의 상가 3층에서 운영할 때는 많은 학부모들이 계단에서 일어나는 안전사고를 염려했다. 아이들끼리 장난치다가 사고가 발생하는 일이 종종 있기 때문이다. 그런 학부모들의 염려를 생각해서 수업이 끝나면 항상 선생님이 1층까지 학생들을 배웅했다.

학원에서 교육보다 더 중요한 것은 '안전'이라고 해도 과언이 아니다. 학생들의 안전은 아무리 강조해도 지나치지 않기에 1층까지 학생들을 배웅하는 일이 선생님들에게 고충이라는 것을 알면서도 절대 소홀히 하지 않았다. 그 덕분인지 학원을 운영할 때 큰 사고가 한 번도 일어나지 않았다는 것을 지금도 다행으로 생각한다.

또 한 가지 꼭 신경 써야 하는 것은 학원 앞 도로다. 학원을 중심으로 아파트 단지가 모여 있는 곳이 어쩌면 최적의 입지일지도 모른다. 하지만 학원까지 오는데 어떤 도로가 있느냐에 따라서 바로 길 건너편 아파트에 사는 아이들이 다니지 않는 경우도 있다. 예를 들어 집과 학원 사이에 큰 도로가 있다면, 횡단보도를 건너다니면서 학원을 다니게 할 학부모는 많지 않다. 조금 거리가 있더라도 큰 도로를 건너지 않는 학원을 선택할 수 있다는 것이다.

학원 경영에서 절대적으로 좋은 입지는 없다. 창업 자금과 학원의 성격, 경영자의 성향 등에 잘 맞는 최적의 장소를 찾는 것이 가장 현명하다.

학원 설립의 최적지

주택지, 학교 앞, 아파트 단지 내 상가 건물

학원이나 교습소는 아이들의 집과 가까운 곳을 선정하는 것이 좋고 등·하원 길이 안전해야 한다. 특히 아동 미술학원은 학교와 가까운 곳 또는 주택, 아파트 밀집지역 또는 학원이 모여 있는 곳을 선정해야 아이들의 동선이 짧아지기 때문에 유리하다.

번화가의 상가 건물

차량을 운행한다면 학원 차량이 안전하게 주·정차할 수 있는 공간이 있는지 확인해야 한다. 아동, 특히 유아들이 많이 찾는 학원에서는 2층과 3층이 확연히 차이가 난다. 아이들끼리 장난치다가 사고가 발생하는 일이 종종 있기 때문이다.

주위에 학원, 병원 등의 편의시설이 있는 곳

주위에 경쟁 학원이 많으면 학원 활성화 전략에 따라서 1등 학원으로 성장할 수 있고, 신규 원생을 유입하기 수월해서 노력한 것 이상의 성과를 볼 수도 있다. 하지만 반대로 생각해보면 학원 간에 경쟁이 치열해서 원생을 확보하는 데 어려움을 겪을 수도 있다.

주위에 비슷한 교육을 제공하는 학원이 없으면 비교적 쉽게 운영할 수 있고 수강료를 결정하기도 쉽다. 입지가 아무리 좋아도 안일하게 운영하면 상황이 나빠지는 경우도 많다. 신축 건물이 들어서거나 새로운 교육 프로그램을 제공하는 학원이 등장하면 열세에 몰릴 가능성도 있다.

임차료가 낮은 곳, 고정비용을 줄일 수 있는 곳

일명 주택 밀집지역이나 학교 앞, 아파트 단지 내 상가 건물에 위치한 학원은 홍보에 비중을 두지 않아도 수강생을 확보할 수 있다. 특히 아파트 단지 내 상가는 임차료와 관리비가 비교적 저렴하다. 대부분 학생들이 학원이 위치한 아파트 단지에 거주한다면 차량을 운행하지 않아도 된다. 인근에 경쟁관계의 미술학원이 없다면 원생 이탈이 적어서 안정적인 운영이 가능하다. 하지만 원생이 아파트 단지나 주택 밀집지역에 한정되므로 단기간에 활성화하기 어렵고 이미지가 손상되면 회복하는 시간이 오래 걸린다는 것이 단점이다.

학원을 처음 운영하거나 다른 학원과의 경쟁에서 이길 자신이 없다면 주택 밀집 지역이나 아파트 단지 내 상가에서 시작해서 경력을 쌓은 후에 중심지역으로 이전하는 것을 권한다.

안전하고 교통이 편리한 곳

번화가에서 학원을 운영하면 상점과 학원들이 밀집되어 있어서 학부모들의 이목을 집중시킬 수 있다. 그만큼 임대료와 관리비가 비싸지만 병원이나 미용실 등의 시설들이 모여 있어서 아이들과 학부모의 동선이 겹치기 때문에 원생을 확보하는 데 유리하다. 유동인구가 많고 번화가에 위치하면 안전이나 교통에 더욱 신경 써야 한다.

학원을 운영해 보았거나 대형 학원을 운영한다면 번화가에 자리 잡는 것이 바람직하다. 하지만 주변에 위험한 도로가 없는지 반드시 확인해야 한다.

3. 비용관리 - 비용관리의 모든 것

학원 경영에 대한 배경지식을 갖추었다면 학원을 창업할 때 알아야 할 세부적인 내용을 살펴보기로 하자. 학원을 창업하는 과정은 미술학원, 피아노학원, 영어학원 모두 비슷하다. 어쩌면 일반적인 회사를 창업하는 과정과 다르지 않다.

모든 사업에는 비용이 들게 마련이다. 모든 형태의 사업, 더 좁은 의미에서 보면 학원, 더 구체적으로는 미술학원 창업에 대해서 설명하겠다. 학원에서 큰 매출이 발생하더라도 고정적으로 지출하는 비용을 통제하고 관리하지 않으면 수익 구조는 악화된다. 학원을 효과적으로 운영하기 위해서는 짜임새 있는 재정 관리가 필요하다. 학원의 효율적인 운영을 위해서는 수입과 지출을 정확히 추정하고 매달 지출한 경비 내역을 정확하게 정리할 필요가 있다. 창업한 직후의 학원은 특히 손익분기점을 예측하고 수입과 지출에 맞춰서 알뜰하게 운영해야 한다.

학원의 초기 자본금은 최소 6개월 이상 학원을 꾸려나갈 수 있을 만큼 준비해야 한다. 철저하게 준비하더라도 예상했던 대로 되지 않는 일이 많다. 조급한 마음으로 운영하면 예상하지 못한 부분에서 실수하게 되고 일에 대한 집중력도 흐트러지기 쉽다. 학원 운영의 현장감을 어느 정도 파악하고 안정기에 접어들 때까지 여유 자금이 있어야 한다.

한 달 동안 운영할 비용을 추정할 때는 다음과 같이 지출하는 항목을 구분하여 각 항목마다 들어갈 예상 비용과 실비를 정리해 두는 것이 좋다. 대략적으로 항목을 정리하면 다음과 같다.

- 준비자금 : 상권 입지 조사비용, 사전 홍보비용
- 점포비용 : 임차보증금, 권리금, 인테리어 비용
- 고정비용 : 시설 집기 비품 비용, 교재 교구 비용, 행사·광고·홍보비용, 기타 비용(교육비, 설비 및 각종 사무기기), 운영자금(임대료, 인건비, 관리비, 광열·통신

비, 식대 및 잡비, 재료비, 차량 유지비 등)

이 중 차량과 관련된 비용은 어떤 형태로 차량을 운행하느냐에 따라 크게 차이가 난다. 학원 차량은 대개 지입 차량과 학원에서 소유한 차량으로 구분된다. 지입 차량은 기사가 차량을 제공하는 형태이고, 학원에서 소유하고 관리하는 차량은 설립자가 차량을 구입하여 어린이 통학버스로 신고해서 학원전용 차량으로 운행하는 형태이다. 학원 소유 차량은 기사를 고용해서 운행하기 때문에 이용 시간이 비교적 자유롭다. 기사가 결근하더라도 대체 운행할 기사가 있으면 운행에 큰 어려움이 없다. 하지만 차량 관리와 보험료 등 차량을 운행하는 데 소요되는 부대비용을 학원에서 직접 납부해야 하고 차량 관리와 유지 부분을 꼼꼼하게 챙겨야 한다. 지입 차량은 차량을 소유한 기사가 차량 관리와 운행에 관한 부분을 전담한다. 따라서 운행 거리나 시간이 늘어날 경우, 주유비와 모든 부분에서 늘어나는 비용을 확인하고 학원 경영자와 조율해야 경제적으로 차량을 운행할 수 있다.

비용을 관리하는 일은 가장 어렵고 까다롭다. 비용을 절감하면 같은 매출이 발생하더라도 이익이 되기도 하고 제대로 관리하지 못하면 손해를 보기도 한다. 비용은 학원 운영에서 매우 중요한 부분이므로 절대 소홀히 넘기지 말고 꼼꼼하게 확인하고 자료나 영수증을 보관하는 습관을 들여야 한다. 그리고 고정적으로 지출하는 비용(재료비, 식대, 통신비, 차량 유지비 등)은 어디에 얼마를 지출하는지 정확히 파악해 두고, 급격하게 늘어나는 달에는 왜 비용이 늘어났는지 확인할 필요가 있다.

상가나 점포를 임대해서 학원을 운영할 경우에는 주의해야 할 점이 더 많다. 학원은 신고, 인가가 필요한데 정상적으로 신고, 인가에 이상이 없는 지역인지 확인해야 하고, 등기부 등본과 임대차 계약서 등을 검토하고 필요하다면 부동산 전문가의 도움을 받는 것이 바람직하다.

4. 시설 및 인테리어 - 최소비용으로 최대효과를 내는 인테리어

임대 계약이 성사된 후에도 인테리어 비용과 관리비가 만만치 않다. 게다가 미술학원은 인테리어나 디자인 등의 감각적인 부분을 더 신경을 쓸 수밖에 없다. 학원을 방문하는 학부모의 첫인상은 학원 인테리어에서 결정된다고 해도 과언이 아니기 때문이다. 특히 미술학원은 정서적인 환경과 학부모의 기대감이 더 크기 때문에 학원 콘셉트에 맞게 깨끗하고 활용도 높은 시설을 갖추어야 한다.

정성과 아이디어, 감각만 있으면 비용을 적게 들이면서 실내 장식을 할 수 있다. 유아들이 많이 이용하는 미술학원은 안전사고에 대비해서 인테리어 마감재를 선택해야 한다. 막대한 비용을 인테리어에 투자할 수 없는 소자본 창업자들이라면 최소의 비용으로 최대의 효과를 내는 인테리어 방법을 찾아야 한다.

학부모들이 신뢰하는 학원을 만드는 일은 조금 번거로울 수도 있다. 유아들이 이용하는 미술학원은 수업이 진행되는 동안 학부모가 기다리는 경우가 많다. 가능하면 수업하는 모습을 외부에서도 볼 수 있도록 교실의 일부를 유리로 만들어서 아이들은 학부모를 볼 수 있게, 학부모는 아이들을 볼 수 있게 만드는 것이 바람직하다. 이렇게 하면 상담하려고 방문한 학부모들이 수업하는 모습을 볼 수 있다. 우리 학원에서는 이런 방식으로 이런 내용을 가르친다고 말로 설명하는 것보다 한번 보여주는 것이 낫다. 그리고 교실의 일부분이 개방되어 있기 때문에 수업하는 선생님 스스로도 긴장을 늦추지 않고 수업을 진행하게 된다. 하지만 장점만 있는 것은 아니다. 선생님들이 실수하거나 수업 분위기가 좋지 못한 경우에 어수선한 분위기가 학부모 눈에 고스란히 보인다는 점을 기억하고 더욱 신경 써야 한다.

미술학원 인테리어에서 또 한 가지 고려해야 할 것이 있다. 늘 다양한 재료로 수업하는 미술 교육의 특성상 고급형 인테리어보다 깔끔하고 청결한 인테리어가 좋고 계절이나 콘셉트에 맞게 자주 바꿔주는 것이 효과적이다. 교실 마감재는 저렴하면서 안전도가 높은 것으로 선택하는 것이 좋다.

교습소든 학원이든 규모에 관계없이 상담실은 꼭 갖춰야 한다. 상담실 인테리어는 학부모가 선생님과의 대화에 집중할 수 있도록 하고 아이들이 돌아다니는 소리, 시끄러운 소리가 들리지 않도록 만드는 것이 바람직하다. 학원이기 때문에 아이들이 돌아다니는 것을 완벽히 통제할 수는 없지만 최대한 아이들의 동선과 겹치지 않는 위치에 상담실을 배치해야 한다. 학부모가 선생님과 제대로 대화하지 못하면 상담이 어려워지고 원생을 모집하고 관리하는 데 효과가 떨어지는 것은 당연하다.

교실별 인테리어 팁

상담실

학원의 특징이 드러나는 자료나 작품들을 전시해서 시각적인 상담 효과를 더하는 것이 좋다.

원장실

원장실의 위치는 학원 입구에 가깝고 빛이 많이 들어와서 밝은 느낌을 주는 곳이 가장 좋다. 원장실은 항상 깔끔하게 정돈된 상태를 유지해야 한다. 교실 상황을 한눈에 볼 수 있는 위치라면 더욱 좋다. 미술학원 원장답게 예술과 교육 관련 서적을 비치해 전문적인 느낌을 살린다.

교실

교실은 여러 가지 크기와 형태의 재료를 사용하는 곳이다. 우선 재료를 수납하는 공간이 많아야 한다. 그리고 반드시 덮개가 있는 수납장을 사용하는 것이 좋다. 크기와 모양이 각양각색인 재료들은 아무리 정리해도 지저분해 보인다. 교실 한쪽 벽에는 아이들의 작품을 전시하여 호응도와 성취감을 높이고, 재료는 아이들이 쉽게 찾아서 사용할 수 있도록 책상 가까운 곳에 구비해 놓아야 한다.

간판

간판은 학원의 얼굴이다. 학원 간판은 어디서든 잘 보이도록 제작해야 한다. 미술학원은 학원의 특징을 살려서 한 번만 보면 기억에 남도록 독특한 디자인이나 서체로 신경 써서 만들어 홍보 효과를 높인다.

조명

많은 학원에서 쾌적한 환경과 분위기를 연출하기 위해서 조명에 신경을 쓴다. 실내가 좀 더 멋지게 보이도록 간접조명을 설치하는 곳이 있는데, 미술학원에서는 실습이 이루어지기 때문에 가능하면 눈의 피로를 줄이기 위해서 밝은 조도를 유지할 수 있게 조명시설을 갖추는 것이 좋다.

특기실, 요리실, 퍼포먼스실

미술학원 내부에 여유 공간이 있다면 학원 콘셉트나 교육 내용에 맞는 특기실을 구비해야 한다. 특기실을 별도로 만들어서 교육에 이용하면 경쟁력이 생기고 원생들의 집중도와 참여도도 높아진다.

학원 시설 관련 법령

① 위반건축물로 등재되어 있는 건축물은 학원 등록을 할 수 없음.

② 공용복도나 베란다를 칸막이하여 학원 시설로 이용할 수 없음(건축물 현황도로 확인 - 관할 구청 발급).

③ 학원의 사무실, 강의실, 실습실 등은 동일 건물 내에 있어야 함.

④ 학원 및 교습소 임대차계약서 작성 시 층수 및 면적까지 표기하되, 면적은 제곱미터로 표기해야 함.

⑤ 임대인이 공동명의일 경우 임대 계약서상에 공동명의자 각각 날인되어 있어야 함.

⑥ 시설 및 모든 설비를 기준에 적합하게 완비한 후 신청서 제출할 것.

⑦ 부적합 구조 : 강의실(열람실) 각 실에는 출입문이 별도로 있어야 하며, 강의실이 타

실을 가기 위한 복도의 개념으로 인테리어 하지 말 것(인테리어 공사 전에 반드시

학원 담당자에게 사전검토 의뢰).

⑧ 칸막이

　- 바닥부터 천장까지 막을 것.

　- 강의실과 강의실 사이에 출입문 내지 말 것.

　- 출입문은 교실 안에서 밖으로 열 수 있도록 할 것(화재 시 대피 용이).

⑨ 한 설립자가 2가지 이상의 교습 과정을 등록·운영하고자 할 경우에는 각 교습 과정

별로 시설·기준면적을 확보하여야 함(예 : 한 학원에서 음악과 미술을 운영하고자

할 경우 음악 60㎡, 미술 60㎡ 이상 면적 확보).

5. 학원 세무실무 완벽 알기 - 복잡하고 어려운 세금

납세 의무는 국민의 4대 의무 중 하나다. 납세는 일을 해서 벌어들인 소득이 있다면 피할 수 없는 대표적인 국민의 의무이다. 기본적으로 국가는 사업자에게 발생하는 여러 가지 소득에 대해서 자진하여 신고하도록 하고, 신고한 소득만큼 세금을 내도록 자유를 준다. 자유가 있는 곳에 책임이 따르듯 정해진 기한 내에 신고와 납부를 이행하지 않으면 그에 상응하는 금전적 책임이 따른다.

학원을 경영한다면 나라에서 부여한 자율성 내에서 주어진 책임을 반드시 이행해야 한다. 납세의 의무를 다 하기 위해 필요한 부분들을 최대한 간단히 정리했다. 간단히 정리했지만 꼭 필요한 내용들이기 때문에 잘 알아두어 학원 경영에 차질이 없도록 하자.

사업자등록

학원 사업을 하려면 우선 사업을 한다는 사실을 나라에 알려야 하기 때문에 세무서에 가서 사업자등록 신청을 해야 한다. 이때 주의할 점은 사업자등록 신청을 하기 전에 관할 관청에서 학원업종 등록을 한 다음 사업자등록 신청서에 관할 관청으로부터 발급받은 등록증도 함께 첨부해야 사업자등록이 가능하다. 또한 사업자등록을 신청할 때, 학원은 부가가치세법상 면세사업이기 때문에 반드시 면세사업자로 등록해야 한다.

면세사업자 현황 신고

학원은 부가가치세법상 면세사업자에 해당하기 때문에 과세 업종처럼 부가가치세 신고 의무는 없다. 대신 1년에 한 번씩 매년 2월 10일까지 면세사업자 현황신고를 한다. 면세사업자 현황신고를 하는 이유는 1년 동안 벌어들인 수입과 지출을 밝힘으로써 소득에 대한 세금을 정확하게 산정하기 위함이다.

종합소득세 신고

면세사업자 현황신고에서 밝힌 소득을 근거로 매년 5월 31일까지 소득세를 신고·납부해야 하며 구체적인 내용은 다음과 같다.

① 신고기한

이자, 배당, 부동산임대, 사업, 근로, 연금, 기타소득이 있는 사람은 이를 합산하여 다음 해 5월 1~31일까지 신고·납부해야 한다.

② 사업소득금액 계산구조

장부를 비치·기장한 사업자의 소득금액은 다음과 같이 계산한다.

(+)	매출	면세사업자 현황 신고 시 기재된 공급가액의 1년간 합계액
(-)	매입	면세사업자 현황 신고 시 기재된 공급가액의 1년간 합계액
(-)	각종 경비	위의 매입가액을 제외한 금액으로서 인건비, 식대, 접대비, 차량유지비, 비품구입비, 사무용품비 등
(=)	사업소득	

사업소득금액을 계산할 때 주의할 점은 사업소득신고의 근거로 반드시 장부를 비치·기장해야 하며, 장부를 기장하지 않는 경우에는 불이익을 받는다.

③ 장부를 기장하지 않는 경우의 불이익

  – 무기장 가산세 부과 : 산출 세액의 20%에 상당하는 무기장 가산세가 부과된다.

  – 이월결손금 공제 배제 : 공제 가능한 이월결손금이 있더라도 공제받을 수 없다.

④ 종합소득세 산출세액의 계산

산출세액 = (종합소득금액 - 소득공제) × 세율

종합소득세 세율

과세표준	세율	누진공제액
1,200만 원 이하	6%	-
1,200만 원 초과 ~ 4,600만 원 이하	15%	108만 원
4,600만 원 초과 ~ 8,800만 원 이하	24%	522만 원
8,800만 원 초과 ~ 1억 5,000만 원 이하	35%	1천 490만 원
1억 5,000만 원 초과 ~ 3억 원 이하	38%	1천 940만 원
3억 원 초과 ~ 5억 원 이하	40%	2천 540만 원
5억 원 초과	42%	3천 540만 원

(2019년 기준)

인건비 지급과 원천징수

① 원천징수 및 세금 신고·납부

원천징수 대상 소득금액을 지급할 때(원천징수의무자) 이를 받는 사람(납세의무자)이 내야 할 세금을 미리 떼어서 국가에 납부하는 제도다.

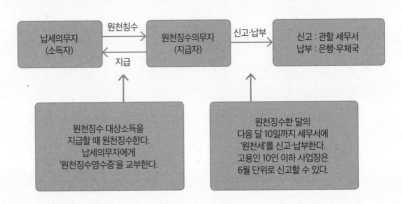

② 근로소득세 원천징수 의무와 연말정산 신고

　㉮ 매월 원천징수

직원들의 급여를 지급한 달의 다음 달 10일까지 신고·납부해야 한다.

　㉯ 연말정산 신고

직원들의 1년간 급여에 대해서 다음 해 2월 10일까지 정산하여 신고해야 한다.

　㉰ 원천징수 불이행 시 불이익

원천징수를 제때 하지 않거나 세금을 납부하지 않으면 10%의 가산세가 부과되며, 직원들은 추후 해외여행을 가거나 금융권 대출을 받는 경우에 납세증명서를 발급받을 수 없다.

③ 인건비와 4대 보험 그리고 세금 관계

고용형태	4대 보험	관련세금
정규직	○	근로소득세
일용직	×→△→○	근로소득세 (일정금액 초과 시 과세)
프리랜서	×	3.3%

경비로 인정되는 증빙

사업자가 사업과 관련하여 다른 사업자로부터 재화 또는 용역을 공급 받고 그 대가를 지급하는 경우 3만 원 이상 거래에 대하여 다음에서 규정하는 정규증빙을 수취하고 종합소득세 신고기한이 경과한 날로부터 5년간 보관하여야 한다. 그렇게 하지 않은 경우에는 2%의 가산세를 부과한다.

① 정규 증빙

 - 계산서(소득세법 및 법인세법상의 계산서)

 - 세금계산서(부가가치세법상의 세금계산서)

 - 신용카드(직불카드와 외국에서 발행된 신용카드 포함) 매출전표

 - 기명식선불카드 및 현금영수증

 - 매입자 발행 세금계산서

② 거래금액

건당 거래금액이 3만 원 이상인 경우로서 이를 수취하지 않았을 때에는 거래금액을 기준으로 일정 금액의 가산세를 부담해야 한다.

③ 위반 시 제재

3만 원 이상 거래에 대하여 정규증빙을 수취하지 않은 경우에는 정규증빙 미수취 금액의 2%를 증빙불비 가산세로 부과한다. 정규증빙 외 증빙을 수취하는 경우에는 비용으로 인정되나 2%의 가산세를 부과한다는 의미이다. 다만, 정규증

빙을 수취하는 것이 현저히 곤란한 경우로 지출증빙 수취 특례에 해당하는 거래에 대하여는 정규증빙을 수취하지 않아도 가산세를 부과하지 않는다.

구분	비용안정	제제사항	
3만 원 이상	정규증빙 수취	인정	-
	기타증빙 수취*	인정	가산세 2%
	증빙 없음	불안정	대표자 소득
3만 원 이하	정규증빙 수취	인정	-
	기타증빙 수취*	인정	-
	증빙 없음	불안정	대표자 소득

*기타증빙 : 영수증, 이체확인증, 계약서, 입금표 등

정규 증빙의 종류와 기타 경비 증빙

① 세금계산서

세금계산서는 부가가치세법 규정에 의해 사업자가 재화나 용역의 공급 시 부가가치세를 징수하고 그 세액을 표시하여 재화나 용역을 공급받는 자에게 교부하는 서류를 말한다. 세금계산서는 부가가치세법에 의하여 사업자등록을 한 일반과세자만이 교부할 수 있으며 미등록사업자나 간이과세자 또는 면세사업자는 세금계산서를 교부할 수가 없다. 따라서 학원 매출은 원칙적으로 세금계산서를 발행할 수 없다.

② 계산서

소득세법 및 법인세법에 의하여 부가가치세가 면제되는 사업자가 재화나 용역을 공급할 때에 교부하는 것으로 세금계산서와는 달리 부가가치세가 없고 순수한 공급가액만 기재된다. 이러한 계산서는 부가가치세는 면제되지만 소득세나 법인세의 납세의무가 있는 사업자만 교부할 수 있다는 특징이 있다.

③ 신용카드 매출전표

신용카드 매출전표란 여신 전문 금융업법상 신용카드업자가 발행한 것을 말한다. 정규 지출증빙이 인정되는 신용카드에는 다음의 내용들이 포함된다.

- 직불카드(신종직불카드 포함)
- 외국에서 발행된 신용카드
- 카드대금을 금융기관을 통하여 결제하는 백화점카드
- 사용인의 계좌에서 일차 결제되는 법인개별카드

④ 현금영수증

현금영수증가맹점이 재화나 용역을 공급하고 그 대금을 현금으로 받는 경우 재화나 용역을 공급받는 자에게 현금영수증 발급장치에 의해 발급하는 것으로 거래일시, 금액 등 결제내역이 기재된 영수증이며, 국세청장으로부터 현금영수증사업의 승인을 얻은 현금영수증사업자가 발행하는 영수증을 말한다.

⑤ 기타 경비 증빙

종류	내용	비고
간이영수증	• 각종 사무용 소모품 구입 시 받은 것 • 각종 비품 구입 시 받은 것 • 식대 및 간식대를 지급하고 받은 것 • 수퍼, 문구점, 약국, 철물점 등에서 물건을 구입하고 받은 것	3만 원 이상의 금액은 반드시 카드로 결제해야 함
금전등록기 영수증	• 슈퍼 등에서 물건을 구입하고 금전등록기로부터 발행된 영수증	
은행 송금 영수증	• 은행에서 거래처 등에 송금하고 지급한 수수료의 영수증	
차량 유지비 관련 증빙	• 법인 명의로 등록된 차량의 주유비, 수리비, 통행료(통행 카드 포함), 주차료 등의 영수증 • 법인 명의로 등록된 차량의 보험료, 면허세, 자동차세, 주행세, 환경개선부담금의 납부 영수증 • 법인과 차량사용계약을 맺은 차량의 경우 위의 각 영수증	

교통비 명세서	• 버스, 지하철, 택시를 이용하고 받은 영수증(단, 영수증을 받지 못한 경우 임의로 회사에서 명세서를 만들어 증빙으로 첨부할 수도 있음)
신용카드 전표	• 3만 원 이상 금액에 대해 법인 카드로 결제하고 받은 전표 • 3만 원 이상 접대비를 법인 카드로 결제하고 받은 전표

※ 주 의

① 3만 원 이상은 반드시 신용카드로 결제할 것
② 접대비는 가급적 적은 금액(1만원 미만) 이라도 카드로 결제할 것
③ 각종 거래 후 발행되는 입금표와 거래명세서는 증빙으로 인정되지 않으므로 반드시 간이영수증이나 세금계산서를 받을 것
④ 3만원 미만의 간이영수증이라 할지라도 공급하는 자의 사업자등록번호, 상호 등이 없으면 증빙으로 인정되지 않음 (단, 금전등록기 영수증에는 사업자등록번호와 상호만 나타나면 증빙으로 인정됨)

Chapter 03

연애학개론

학생, 학부모, 동료 선생님들과 연애하기

사랑할 수 있는 한 사랑하라

사랑의 힘은 상상을 초월한다

유난히 무더웠던 지난여름이 거의 끝나갈 무렵 한 편의 영화를 봤다. 〈어드리프트^{Adrift} - 우리가 함께한 바다〉라는 제목의 영화였는데, 흥행에 성공하진 못했지만 보고 난 뒤 묵직한 감정에 한동안 사로잡혔던 기억이 있다.

환상적인 섬 타히티에서 운명처럼 사랑에 빠진 여자 태미와 남자 리처드는 첫 만남부터 서로에게 끌리면서 요트 여행을 떠나는데, 남태평양에서 최악의 허리케인을 만나게 된다. 그때부터 영화는 로맨스에서 재난영화로 변신한다. 폭풍 속에서 이들의 사랑은 생존 그 자체였고, 언제든 포기하는 것이 이상하지 않을 정도의 고난이었다. 요트를 몰아본 적도, 항해를 해본 적도 없는 여자였으니 모든 것이 어렵고 두려웠을 것이다. 그럼에도 불구하고 두 사람은 힘을 합쳐 난관을 극복하고 희망 한 줌 보이지 않는 망망대해에서 조금씩 목적지를 향해 나아간다. 이들이 생존 의지를 불태운 건 불쑥불쑥 튀어나오는 과거의 기억, 즉 두 사람이 함께 행복해질 수 있을 것이라는 바람 때문인 것이다. 사랑은 이런 극한의 힘듦도 이겨낼 만큼 위대하다는 메시지가 따뜻한 울림으로 다가온 순간이었다. 이 영화는 실화를 바탕으로 하고 있는데, 상처, 고통, 배고픔과 두려움 그리고 혼자였다면 생의 끈을 놓아버리기 충분했을 상황 속에서 이들을 이겨내게 만들어 준 것은 바로 사랑의 힘이었다.

사람도 일도 사랑이 필요하다

사랑은 위대하다. 사랑은 모든 것을 바꿀 수 있는 힘이 있다고 흔히들 말한다. 정말로 사랑에 그런 힘이 있다고 확신하게 만들어 주는 경험이 아직 없다면 학원에서 아이들과 학부모, 동료들에게 실험해보기 바란다.

학원을 운영하면서 인연을 맺은 사람들을 대할 때 진심에서 우러나오는 사랑이 토대가 된다면 관리가 훨씬 더 수월해질 뿐 아니라 자신도 더 행복하게 일을 즐길 수 있다. 내가 하고 있는 일 자체를 사랑하고 즐기는 것은 학원을 성공으로 향하게 해 주는 첫걸음이기도 하다.

터무니없이 시비를 걸거나 말도 안 되는 요구를 하는 학부모가 있는가?
버르장머리가 없어서 얼굴만 봐도 한 대 쥐어박고 싶은 학생이 있는가?
틈만 나면 지각, 결근에 문제를 달고 다니는 강사를 보면서 한숨을 쉬고 있는가?

그들을 사랑으로 대한다면 분명 그들에게도 사랑이 전해지고 모든 문제가 훨씬 수월하게 해결될 것이라고 나는 확신한다. 지금부터 학생, 학부모,

선생님과의 연애에서 성공하는 비법을 모조리 전수하겠다. 이 비법을 실천해서 위대한 사랑의 힘을 직접 경험해보기 바란다.

미술학원 성공 NOTE

- 사랑은 모든 것을 바꿀 수 있는 힘이 있다.
- 학원을 운영하면서 인연을 맺는 모든 이들을 사랑으로 대해보자.
- 사람뿐 아니라 일 자체를 사랑하는 법을 배우자.

학부모와 밀고 당기는 연애

학부모는 적이 아닌 조력자다

평계라고 생각할 수도 있지만, 나는 한 가지 일에 집중하면 다른 일에는 관심을 두지 않는 성격이라서 미술 이외의 분야에는 거의 문외한이나 다름 없었다. 학원을 운영하면서 미술 교육과 학원 경영이 전혀 다른 일이라는 것을 새삼 깨달았다. 미술 교육은 실력만으로 가능할지 모르지만 학부모를 상대하는 일은 눈치와 처세, 다양한 성향을 파악하고 맞춰주는 기술이 필요하다.

학부모 앞에 서면 유난히 작아지는 학원 선생님이 많다. 나도 처음엔 그랬다. 미술학원을 운영하는 선생님 중에는 아이들을 진심으로 사랑하고, 수업 준비를 열심히 하고, 수업 방식을 연구해서 질 높은 수업을 진행하지만 학부모에게 인정받지 못해서 힘들어 하는 선생님이 적지 않다. 그런 선생님과 대화하면서 원인을 살펴보니 다름 아닌 전달력이 문제였다. 학부모는 상대해서 이겨야 하는 적이 아니라 학원을 함께 키워나가는 조력자다.

학부모의 도움 없이 학원을 운영하는 것은 불가능하다.

미술 교육은 시험점수나 등급이 표시된 자격증처럼 눈에 보이는 증빙자료가 없다. 실력을 확인할 수 있는 기준도, 척도도 모호하다. 선생님의 눈에는 분명히 표현 기법이나 관찰력이 눈에 띄게 좋아졌어도 학부모의 눈에는 예전이나 지금이나 늘 그 나물에 그 밥인 것처럼 보일 수 있다. 그러므로 끊임없이 미술 수업의 교육 효과와 중요성을 학부모에게 어필하고 미술 교육을 통해서 아이가 얼마나 발전하고 변화하는지 알려줄 필요가 있다.

학원에서 상담의 주체는 학부모다. 슬프게도 좋은 일보다는 나쁜 주제의 상담이 많은데 아이가 학원에 싫증을 느꼈거나 수업에 만족하지 못할 경우, 퇴원을 고려하면서 학부모가 먼저 상담을 요청한다. 대부분 좋지 않은 주제로 진행되다 보니 선생님이나 학원 원장은 당연히 "죄송합니다."를 연발하면서 납작 엎드리는 자세를 취한다.

하지만 이제부터는 학원에서 상담의 주도권을 먼저 잡도록 하자. 아이의 상태와 발전 정도, 심경의 변화, 친구 관계 등 부모가 잘 모르는 아이의 정보를 확보하고 부모보다 우위에서 상담을 주도하는 것이다. 부모가 찾아와서 상담하는 것이 아니라 학원에서 먼저 학습 태도나 성취도를 알려주기 위해 방문 상담을 요청하는 것이 좋다. 이렇게 능동적인 상담으로 발생하는 관리효과는 생각보다 크다. 원생이 많은 경우 학부모를 일일이 방문하도록 해서 상담하면 수업은 언제 하냐고 걱정할 수도 있다. 하지만 학원에서 상담을 요청하더라도 실제로 학원을 찾아오는 학부모는 그리 많지 않다. 대부분은 전화 상담으로 대체되는 경우가 많고 관심이 많은 소수의 학부모가 방문 상담에 응하게 된다. 학원에서 상담을 주도하여 소수의 관심 있는 학부모를 완벽하게 포섭하면 일석이조의 효과를 볼 수 있다. 이것이 효과적인 상담의 첫 번째 포인트다.

다음으로 중요한 것은 상담하는 선생님의 전달력이다. 수업을 직접 듣지 않는 학부모의 입장에서는 상담을 통해 들은 내용을 기준으로 아이의 학원 생활과 학습 내용을 판단할 수밖에 없다. 실제로 상담할 때 학생에게 지도한 내용을 학부모에게 20%도 전달하지 못하는 선생님을 많이 보았다. 때로는 피하고 싶고 얼굴이 달아오를 때도 있지만 학부모는 내가 사랑하는 원생의 부모이고, 마땅히 아이의 교육에 대해서 충분히 설명 들을 자격이 있다는 사실을 기억해야 한다.

화려한 말솜씨로 포장된 달변가의 연설이 아니라 진심과 열정이 묻어있고 확신에 찬 어조로 자신감 있게 상담을 주도해야 학생과 학부모가 신뢰하는 선생님이 될 수 있다.

100% 만족보다 0% 불만족을 목표로 한다

학부모를 관리하는 일은 학원 업무 가운데 매우 중요한 부분이지만 그전에 먼저 알아 둘 것이 있다. 안타깝게도 많은 학원 경영자가 착각하는 부분인데, 나의 노력과 희생을 학부모들이 '어느 정도는 알아주겠지'라는 생각이다. "선생님 정말 고생하셨어요, 애쓰셨어요!"와 같은 인사는 앞으로도 계속 그렇게 하라는 당근이자 채찍이다.

학원 입장에서 봤을 때 학생과 학부모는 엄연한 고객이다. 아이들을 위해 교육 프로그램을 짜고 효과적인 수업과 관리에 대해서 고민하다 보면 뜬눈으로 밤을 새우기도 하고, 삶의 우선순위가 학원과 아이들로 변하는 경우도 있다. 굳이 생색을 내려는 건 아니지만 한번쯤은 이런 노력과 고민을 학부모나 아이들이 알아주기를 바라는 마음도 생길 수 있다.

하지만 기억해야 한다. 학부모에게 1순위는 무조건 자녀다. 원장이나 선생님들이 아이들을 위해 생각하고 고민하는 것은 맡은 바 본분이며 당연한 것이다. 학부모는 금쪽같은 아이를 최고의 교육기관에서 교육시키고 싶어 하기 때문에 여러 가지 정보를 수집해서 끊임없이 학원을 비교하고 평가하느라 바쁘다.

학부모는 학원에서 생각하는 것 이상으로 더 좋은 교육 서비스를 기대한다. 학원은 학부모의 기대에 부응하는 방향으로 나가야 한다. 학원의 노력을 알아주지 않는 학부모 때문에 서운했다면 앞으로는 학부모가 학원의 노력을 알아주게끔 만들기 위해 전략을 세우는 편이 현명하다. 한 명의 학부모에게 듣는 불평은 한 번으로 끝나지 않는다. 불만족스러운 부분이 해결되더라도 학부모에게 나쁜 기억은 남아있다.

'100 - 1 = 99'가 아니라 '0'이라는 사실을 기억하자. 1%의 학부모 불만이 100%의 실패를 가져온다고 해도 과언이 아니다. 모든 학부모를 만족시키기보다 학부모의 불만족스러운 부분을 최소화하는 것이 훨씬 더 효과적인 방법이라는 것을 잊지 말자.

열 번 잘하다가도 한 번의 실수로 열 번의 노력이 고스란히 무너질 수 있다는 실례를 필아트 원장 시절 경험했다. 학원을 운영한 지 1년쯤 된 어느 날 박람회 때문에 독일로 출장 갔을 때 사건이 일어났다. 원감 선생님께 당부에 당부를 거듭하고 자리를 비우는 동안 제발 학원에 별 문제가 없기를 바라며 출장을 떠났다. 출장을 떠난 지 둘째 날, 유난히 예뻐했던 한 아이의 어머니께서 불같이 화를 내며 전화를 했다. 오전 10시 수업인데 10시 10분이 되어서도 학원 문이 열리지 않아 추운 날씨에 아이가 문밖에서 벌벌 떨고 있었다고 했다. 선생님이 수업 시작하기 30분 전에는 미리 와서 준비해야 하는 것이 아니냐고 따졌다. 수업 시간에 맞춰 와서 난방은 언제 할것이고 그러다 아이가 감기라도 걸리면 어쩔 건지, 필아트에서 강조하는 명품 교육이 기본도 지켜지지 않는 이런 것을 말하는 건지, 어머니의 호통이 전화선을 타고 한국에서 독일까지 쩌렁쩌렁하게 울렸다. 어머니의 말씀이 모두 옳았다. 어떤 핑계도 댈 수 없었다. 학원의 잘못인 걸 알기 때문에 보이지도 않는 곳에서 벌떡 일어나 죄송하다는 말을 거듭하며 사과했던 기억이 있다. 미술학원을 너무 좋아한 아이였고 그 어머니도 수업에 대한 만족도가 높았었다. 그리고 사적으로도 관계가 매우 좋았던 학부모이었음에도 불구하고 결국 기본에 충실하지 못해서 일어난 실수 때문에 아이는 학원을 그만뒀다.

이 일로 인해 당시 원감 선생님은 습관적으로 하는 5분, 10분의 지각이 어떤 결과를 가져오는지 누구보다 절실히 깨닫게 되었다. 시간 엄수의 중요성을 가슴 깊이 새겨서 시간을 철저하게 지키는 선생님으로, 더불어 다른 선생님의 시간을 관리하고 기본적인 부분을 충실하게 챙기는 책임감 강한 관리자로 거듭나게 되었다.

나 역시 이 일을 계기로 기본에 더욱 충실할 필요성을 느끼고 선생님들의 지각이나 작은 실수가 있을 때, 마음속으로는 누구나 실수할 수 있다고 인정하면서도 겉으로는 야속할 정도로 엄하게 지적하는 태도를 갖게 되었다. 잠깐의 서운함보다 더 나은 습관을 길러주는 것이 리더가 해야 할 일이라는 것을 알았기 때문이다.

학부모의 성향은 일곱 빛깔 무지개다

학원에서 실수했을 때는 그 실수가 명확하기 때문에 사과하고 그에 대한 조치를 하면 되지만 그렇지 않은 경우도 많다. 아이들의 성향이 다른 것처럼 학부모도 다양한 성향을 가지고 있기 때문에 때로는 학원 경영자가 전혀 생각하지 못한 반응이 오거나 오해가 생기기도 한다.

예를 들어 선생님이 다 알아서 해주겠지 하고 무조건 맡기는 학부모가 있는 반면, 아이가 학원을 좋아하고 미술에 관심도 많은데도 이것저것 궁금하게 생각하면서 학원을 자주 방문하는 학부모도 있다. 실제로 수업에 지장이 있을 정도로 교실 안을 지켜보는 학부모도 있고, 심지어 수업 중인 실기실 안에 들어가 아이와 선생님께 말을 걸거나 하루에 몇 번씩 전화해서 수업 준비부터 수업 진행, 친구들과의 관계는 괜찮은지 물어보면서 선생님께 부담을 주고 수업과 업무 진행이 원활하지 못하게 방해 아닌 방해를 하는 학부모도 있다.

이런 경우 어떻게 해야 할까? 내가 했던 방법은 하루 날을 잡아 학부모를 학원으로 초대하는 것이었다. 학원의 교육철학부터 선생님들의 마인드, 인성교육 부분, 수업이 진행되기까지 준비과정, 선생님들의 업무와 일정, 아이들을 위한 선생님의 마음 씀씀이나 친밀한 관계 유지에 대한 부분, 아이와의 소통이나 사소한 해프닝에 이르기까지 학부모가 궁금해 할 만한 내용을 한 가지씩 설명했다. 그리고 진심을 담은 부탁의 말을 마지막으로 전했다. 지금 학부모의 마음은 충분히 이해가 되며, 당연하지만 그로 인해 교육 효과가 오히려 반감될 수 있다는 것을 자세히 알리고 아무 걱정 없이 아이를 맡길 수 있고 더 신뢰할 수 있도록 학원에서도 최선을 다해 노력할 것이며, 부족한 점이나 요청할 사항이 있으면 주저하지 말고 쓴소리도 많이 해 달라고 당부했다.

잘 갖추어진 시스템은 떠나는 학부모도 붙잡는다

아이는 학원 수업에 적극적으로 참여하고 잘 다니며, 학부모와 학원의 관계나 신뢰에도 문제가 없었는데 갑자기 학원을 그만두기도 한다. 학부모가 경제 형편이 나쁘거나 학과 공부에 매진하기 위해 미술을 그만두는 것을 제외하고 홈스쿨이나 작은 학원에서 큰 학원으로 옮기는 경우이다. 그이유에 대해 생각해 본 적이 있는가? 바로 '시스템'이 그 해답이다.

이 책을 읽고 있는 미술 교육인에게 진심으로 권한다. 학원을 발전시키려면 학원의 모든 업무를 매뉴얼로 만들고 교육 시스템을 갖추어야 한다. 학원 업무 매뉴얼과 교육 시스템은 학원의 규모와 상관없다. 실제로 신입원생의 학부모와 상담하다 보면 다른 학원에서 교육을 받다가 학원을 바꾸려고 상담하는 경우가 종종 있다. 대개는 다니던 학원에서 사고가 있었거나 선생님이나 학생들 사이의 갈등이 학원을 옮기는 이유가 되기도 하지만 의외로 '제대로 된 미술 교육을 받고 싶다.'라고 이야기하는 학부모가 많다. 아이는 다니던 학원을 계속 다니고 싶어 해도 부모의 의사에 따라 좀더 체계적으로 교육하는 학원을 선택하는 것이다.

유아나 초등학교 저학년의 경우에는 미술학원 선택 시 정서적인 부분과 취미적인 부분 그리고 안전을 우선적으로 고려하기 때문에 대부분 집에서 가까운 곳을 선택한다. 하지만 아이가 미술을 좋아하거나 두각을 보이는 경우 체계적인 교육 시스템을 갖춘 곳을 찾게 된다. 홈스쿨이나 교습소가 학원보다 전문성이 떨어진다는 얘기가 아니다. 앞에서도 여러 번 언급했듯이 비록 1인 기업이라 할지라도 시스템, 매뉴얼, 차별화된 프로그램을 가지고 미술 교육 전문가의 모습을 보여야 한다는 말이다. 머릿속으로만 알고 있는 시스템이 아니라 눈에 보이는 시스템을 갖출 필요가 있다.

잘 정돈된 매뉴얼은 상담할 때 신뢰감을 높여주는 일등공신이다. 원장으로 일하던 시절, 신입 원생을 상담할 때 수업에 관한 정보를 담은 브로슈어를 보면서 학습 내용을 꼼꼼히 설명했다. 그리고 상담일지에 학부모의 요청이나 상담 내용을 일목요연하게 기록한 다음 학원 운영에 관한 동의서에 서명까지 하고 나서 학원에 등록할 수 있도록 했다.

학부모는 그 과정을 번거롭게 생각하기보다 작은 것 하나도 놓치지 않는 모습을 보면서 전문성이 높은 학원으로 평가해 주었다. 전화 상담부터 방문 상담, 상담 진행과정 모두 철저하게 준비되어 있고 시스템으로 만들어진 모습을 보면서 학부모는 흡족한 표정으로 '이 학원으로 선택하길 잘했어!'라는 생각을 하게 되는 것이다.

미술학원 성공 NOTE

- 학부모를 1등 조력자로 만들기 위해 먼저 다가가야 한다.
- 학부모가 아닌 학원이 먼저 주도하는 상담을 하자.
- 학원의 노력과 수고는 대단한 것이 아니라 당연한 것이다.
- 한 번의 실수는 100번의 칭찬도 무너뜨릴 수 있으니 불만을 최소화하는 데 주력하자.
- 다양한 학부모의 성향을 파악하고 그에 맞게 대응하자.
- 체계적인 시스템과 정돈된 매뉴얼로 신뢰감을 높이자.

학생과 달콤 살벌한 연애를 하라

아이를 대할 때 필요한 것은 인내와 존중이다

상담 시에 학부모로부터 많이 듣는 얘기가 있다.

'우리 아이는 4차원 기질이 있어요.'
'애가 좀 특이해요.'
'고집이 너무 세서 당해 낼 수가 없어요.'
'보습학원 선생님이 집중도 못하고 너무 산만하다고 하네요.'

미술학원에는 유난히 개성 있는 원생이 많이 있다. 미술학원이라서 그런 특성이 더 표출되는 것일 수도 있고, 애초에 예술가적 성향이 강한 아이라서 그런 것인지도 모르겠다. 하지만 이렇게 개성 있고 특이해 보이는 원생은 학부모의 우려와는 다르게 좋아하는 일에 집중하는 능력이 뛰어나고 호기심이 많으며 독창적인 생각을 끌어내는 경우가 많다. 지도하는 과정에서 어려움이 있을 수 있지만 막상 이런 아이가 잘 적응해서 꾸준히 학원을 다니게 되면 선생님들께 사랑받고 학원에 충성도가 높은 일등 고객이 될 가능성이 높다.

어떻게 하면 그렇게 만들 수 있을까? 기본적으로 아이를 사랑하는 마음으로 존중하고 긍정적인 시각으로 대하는 것이 전제되어야 한다. 수업에 집중하지 못하고 다른 친구들 일에 간섭하는 아이에게 선생님은 "수업하자! 집중해야지!"라고 말하며 지적만 하기보다, 아이가 무엇에 관심을 보이고 호기심을 나타내는지를 관찰하고 그 부분에 대한 선생님의 생각을 표현하면서 교감하고 그 자체를 인정하는 것이 필요하다. 물론 이렇게 하기 위해서는 인내와 기다리는 시간이 필요하다.

아이가 관심을 보이는 것을 찾으면 숨겨진 재능을 발견할 수 있다. 이런 방식으로 수업을 하면 원생 스스로 몰입할 수 있도록 코칭할 수 있다. 이때 선생님의 진정한 능력이 발휘된다.

예를 들어 수채화로 채색하는 수업 시간에 한 아이가 팔레트에 여러 가지 색을 섞기만 하고 도무지 채색할 생각은 하지 않았다. 이런 경우 빨리 칠하라고 채근하면서 선생님이 알려 준대로 칠하도록 지도하는 것이 최상의 교육일까? 미술 수업은 과학 실험도 아니고 공식에 맞춰서 풀어내는 수학 문제도 아니다. '물 2g과 레몬옐로우 2g, 빌리디언 2g을 섞어서 세 번 붓질을 해서 표현하시오.'라는 공식이 성립될 수 없다. 설사 이런 공식이 적용되더라도 절대로 같은 표현 방식이나 결과물이 나올 수 없는 것이 미술이다. 결과보다는 다양한 경험과 시도 자체에서 아이는 많은 것을 체험하고 느낀다. 팔레트에 물감을 섞는 놀이에 푹 빠진 아이에게 채색을 강요하기보다는 아이가 색을 섞으면서 무엇에 흥미를 느끼는지 발견하고 아이의 생각을 자유롭게 표현할 수 있도록 도와주는 것이 선생님이 해야 할 일이다. 그러는 동안 아이는 더 많은 것을 얻고 자신이 존중받고 있음에 감사하며 선생님에 대한 믿음이 확고해진다.

너는 특별하단다

선생님이 아이를 긍정적인 시각으로 바라보면 아이는 선생님을 존중하고 미적으로 타고난 자질을 꺼내 보일 것이다. 실력이 향상됨은 물론 자신감을 얻고 자존감까지 올라간다. 어딜 가든지 부정적인 피드백을 받은 아이는 제대로 성장하기 어렵다. 획일화된 방식으로 교육받은 아이는 정형화된 결과물을 만들게 되고 어른들의 눈높이에서는 자칫 이것이 잘하는 것처럼 보일 수 있다.

그러나 그런 방식의 수업을 받다 보면 하나의 작품을 제대로 완성하는 것에만 의미를 두고 같은 패턴을 반복하거나 비슷한 개념으로 작품을 만들고 다양한 시도를 하지 않는 아이로 성장할 수도 있다.

미술사에 한 획을 그은 유명한 작가들을 떠올려 보자. 그들은 분명히 누군가가 가지 않은 길을 먼저 간 선구자적인 역할을 했다. 아이에게 기존의 방식을 답습하고 반복하도록 교육하기보다 새로운 것을 이끌어 내서 고민하는 교육자가 되는 것이 미술학원 선생님이 해야 하는 진짜 역할이다.

아이들에게 새로운 방식을 이끌어 내는 교육에 더해서 스스로 배우고 있는 것, 하고 있는 일에 대해 보람과 자부심을 느끼고 그 일을 자랑스럽게 여기도록 만드는 교육이 필요하다. 앞에서도 언급했다시피 미술 교육에 대한 인식 수준이 아직도 낮은 상태에서 미술 교육인이 하지 않으면 누가 아이들에게 미술의 역할과 중요성을 느끼게 해주겠는가.

미술 교육을 받는 아이들 스스로 그것을 느끼고 깨달아서 예술적인 적성을 찾을 수 있게 만들어야 한다. 원장으로 일할 당시 유난히 프라이드가 강한 아이들이 많았다. 흔히 말하는 터줏대감도 있었다. 이 아이들은 새로운 선생님이 오면 은근히 텃세를 부리기도 했다. 대답도 제대로 하지 않고 선생님을 관찰하면서 나름의 시각으로 평가까지 한다. 이런 아이들 때문에 때로는 당황해 하는 선생님도 많았다.

무엇이 아이들을 이렇게 만들었을까? 단순히 큰 학원을 다닌다는 데서 오는 자부심은 아니다. 미술 선생님은 단순히 수업 진도나 작품을 완성하는 데 급급하기보다 수업의 중요성, 학습효과, 유래나 역사적 배경, 이 수업을 통해 얻을 수 있는 유익함 등 아이들이 수업을 받을 때마다 수업에 대해 충분히 설명함으로써 얼마나 멋지고 의미 있는 수업을 하고 있는지를 아이들 스스로 느끼게 해야 한다. 더불어 지금 아주 특별하고 좋은 교육을 받고 있기 때문에 앞으로 창조적인 인재로 성장할 것이라는 이야기를 꾸준히 해줌으로써 아이들 스스로 자부심을 갖도록 해야 한다.

물론 실제로 특별하고 좋은 교육을 하지 않으면서 말로만 이야기하는 것은 효과가 없다. 아이들 스스로 미술학원 수업에 자부심을 가질 수 있도록 뛰어난 프로그램을 만들고 잘 전달해서 남들보다 더 수준 높은 교육 시스템의 수혜자라는 사실을 느끼게 해주어야 한다. 아이들에게 수준 높은 교육을 하려면 선생님들의 마인드부터 바꿔야 한다. 최고의 선생님에게 실력 있는 제자가 나오듯이 선생님의 실력과 표현능력에 따라 학생들의 학습 태도가 바뀐다.

아이들은 어른들이 생각하는 것 이상으로 섬세하고 영민하다. 감정에 솔직하기 때문에 좋은 것과 나쁜 것을 구별하는 능력이 뛰어나다. 어쩌면 어른들보다 더 판단능력이 뛰어날 수도 있다. 절대 아이들을 과소평가해서는 안 된다.

지속적으로 발전하는 교육 시스템과 교육철학이 확고한 선생님, 그리고 효과적인 교수법, 이 삼박자가 조화롭게 어우러져야 아이들을 확고한 학원의 팬으로 만들 수 있다. 한마디로 학교는 빠지더라도 학원은 꼭 챙겨서 나오는 아이로 만드는 것이 우리의 목적인 것이다.

아이들의 마음을 얻는 학원이 되라

학원을 사랑하는 원생들을 많이 만들어내기 위해 조금 더 디테일한 부분을 이야기해 보겠다.

수업을 하다 보면 내성적인 아이나 자기표현을 잘 못하는 아이도 있고, 사춘기 때문인지 소통하는 것을 싫어하는 아이, 말로 표현하지 못하는 여러 가지 고민을 가진 아이 등 다양한 문제를 가진 아이들이 있다는 것을 알수 있다. 이런 아이들에게 어떻게 하면 응원의 메시지를 전해줄 수 있는지 선생님들이 모여서 회의한 결과, 작지만 힘을 줄 수 있는 특별한 메시지를 전달하기로 했다.

실기실에 들어왔을 때 응원이 필요한 친구가 볼 수 있도록 간결하지만 힘이 될 수 있는 문구를 도화지에 예쁘게 적어서 잘 보이는 곳에 붙여두었다.

'○○○! 선생님은 널 믿어! 우리 함께 힘내자!'
'○○○~ 너는 웃을 때 젤~ 멋져!!! 알쥐?'
'○○○~ 선생님은 요즘 네 생각만 해~ 책임져!!!'

다른 친구들이 메시지를 큰 소리로 읽어주기도 하고 때론 부끄러워서 본체만체하는 아이도 있지만 순수한 어린 친구들의 마음을 여는 좋은 도구가 되었다. 실기실에 들어서는 순간, 오늘은 어떤 사랑의 메시지가 숨겨져 있을까 기대하게 만드는 응원 문구는 작지만 효과가 컸던 학생관리 사례라 할 수 있다.

한 가지를 더 소개하자면, 요즘 아이들은 부족한 것도 없고 최신 전자기기에 익숙해서 아날로그적인 선물에는 관심도 없을 것 같지만 의외로 아이들에게 인기가 많은 선물은 손으로 쓴 편지와 엽서다. 손편지를 이용하면 아이들과 교감할 수 있고 사랑으로 관리한다는 느낌도 전달할 수 있다.

비법이라더니 뻔한 얘기만 한다고 생각하는 독자가 분명히 있을 것이다. 하지만 가장 보편적이고 누구나 다 아는 방법들이 그만큼 효과가 있기 때문에 널리 알려졌다는 사실을 잊지 말자. 다소 번거롭고 바쁘다는 이유로 소홀히 여기는 선생님이 많겠지만 실제로 손편지의 효과는 생각보다 훨씬 크다. 특히 선생님들이 직접 디자인해서 예쁘게 꾸민 손편지는 아이들에게 인기 만점이고, 애정 가득한 선생님표 디자인 편지를 받는 날을 손꼽아 기다리는 아이들까지 생겨났다. 책상 가장 잘 보이는 곳에 선생님께 받은 손편지를 붙여 놓고 보고 또 보면서 흐뭇해하고 좋아한다고 말하는 학부모도 있었다.

말로 하는 표현이나 친근한 스킨십도 중요하지만 손글씨로 전하는 메시지도 충분히 아이들에게 감동을 전달할 수 있다. 선생님의 작은 정성에 아이들은 진한 감동을 느낀다는 점을 명심하고 하루에 한 명씩이라도 손편지로 아이들의 마음을 사로잡아 보자.

감동을 주는 이벤트 수업도 필요하다

학생 관리의 예를 한 가지 더 들자면 바로 이벤트 수업이다.

학원의 학습 시스템과 원생 관리는 학부모의 땀방울이 모인 수업료를 기반으로 운영되기 때문에 한 번의 수업도 소홀히 해서는 안 된다. 학원 실무에서 제일 우선순위에 있는 것은 '수업'이어야 한다. 그렇기에 행사나 이벤트 등은 당연히 수업 외 시간에 하는 것을 원칙으로 하고 놀이를 하더라도 수업과 연결시키려고 노력해야 한다.

필아트에서 원생들이 가장 기다리는 날은 일 년에 두 번 시행되는 '마켓 데이'이다. 평소 모범적인 모습을 보이거나 예의 바른 아이, 다른 아이를 생각하는 예쁜 마음씨를 보인 아이 등 태도나 인성적인 면에서 칭찬받을 만한 행동을 하면 칭찬 쿠폰을 준다. 여기서 주의할 점은 절대 수업 결과물에 등급을 매기거나 학교에서 상 받은 일 등 실력적인 부분으로 칭찬 쿠폰을 주지 않는다는 것이다. 실력으로 평가하면 다른 아이보다 실력이 부족한 것만으로도 충분히 속상할 아이를 두 번 실망시키고 상대적인 박탈감을 느끼게 하는 부작용을 낳는다. 또한 쿠폰이 몇몇 아이에게만 집중되지 않도록 다양한 칭찬 기준을 정해서 지급해야 하는 것도 선생님이 챙겨야 할 부분이다. 그렇게 해서 어린이날 전이나 크리스마스 이브에 수업이 끝나면 마켓 데이를 연다.

아이들과 함께 쓸 수 있는 미술과 관련된 다양한 학용품과 재료들, 예쁜 팬시용품이나 장난감, 먹을거리 등을 준비해 놓고 아이들은 서로 물물 교환을 하거나 칭찬 쿠폰으로 갖고 싶은 물건을 구매한다. 즐거운 나눔이라는 기치에 맞게 모든 아이들에게 행복한 날을 만들어 주려고 선생님들은 평소 칭찬 쿠폰을 최대한 공평하게 나눠주지만, 막상 마켓 데이 당일에 보면 쿠폰을 잃어버린 아이나 유달리 적게 받은 아이들이 상대적 박탈감을 느끼기도 한다. 그래서 마켓 데이 당일에 선생님은 쿠폰이 조금 부족한 아이들을 파악해서 특별히 더 챙겨주고 모두가 행복한 기분으로 집에 돌아가게끔 기지를 발휘해야 한다.

즐거움도 기쁨도 재미를 느끼는 것도 모두 감동에 포함된다. 매일같이 감동을 주기는 어렵겠지만 이벤트 수업 때만큼은 확실한 감동을 느낄 수 있게 지도해보자. 고민을 시작한 순간 이미 당신은 최고의 선생님에 가까워지고 있는 것이다.

학생을 칭찬으로 관리하라

내가 지도하는 아이가 미술을 좋아하고 열심히 노력해서 실력이 향상되는 모습을 보는 것은 선생님으로서 가장 뿌듯하고 행복한 일이다. 더불어 학생과 학부모가 모두 만족하면 학원 성장에도 도움이 된다. 하지만 그런 이상적인 교육은 우리 모두의 바람이지만 현실적으로 쉬운 일은 아니다.

미술 실력은 갑자기 늘지 않는다. 개인적인 편차가 클 뿐만 아니라 선천적인 재능과 후천적인 노력이 더해진 결과로 실력이 향상되기 때문에 단시간에 학생과 학부모를 만족시키는 것은 상당히 어렵다. 하지만 완벽하지 않아도 기본적인 결과보다 훨씬 더 나은 결과를 이끌어 내는 방법은 있다. 바로 '칭찬의 기술'을 활용하는 것이다.

인간은 죽을 때까지 계속해서 변화하고 발전한다. 그 변화와 발전의 중심에는 '노력'이 있다. 노력에 날개를 달아주는 것이 바로 '칭찬'이다. 교육계에 종사하는 사람치고 칭찬의 중요성을 모르는 사람은 거의 없을 것이다. 하지만 정말 제대로 잘 칭찬하고 있을까? 칭찬의 힘은 매우 크지만 무턱대고 칭찬을 남발하는 것은 때로 야단을 치는 것보다 못한 결과를 초래할 수도 있다. 미술 교육자로서 아이들에게 할 수 있는 칭찬의 기술 중 중요한 몇 가지를 소개하고자 한다.

노력을 칭찬한다

'너는 정말 천재인 것 같아!', '너는 타고났구나!', '네 그림 실력은 정말 월등해!'

이런 칭찬은 아이들에게 실패에 대한 두려움을 심어줄 수 있다. 결과물이나 실력에 대해 지나치게 칭찬하기보다는 열심히 한 결과 지난번보다 얼마나 성장했는지 그 노력을 칭찬하는 것이 좋다.

구체적으로 칭찬한다

흔히 한국 사람들은 칭찬에 인색하다고들 한다. '누구누구에 대해서 칭찬해 보세요?'라고 하면 잠시 머뭇거리다가 '착하다, 성실하다, 밝고 긍정적이다.' 정도의 칭찬을 한다. 하지만 칭찬은 구체적일수록 좋다. "넌 그림을 잘 그리는구나!"보다 "넌 수채화를 잘 그리는구나!"가 더 나은 칭찬이고, "넌 수채화에서 색감을 표현하는 것을 참 잘하는구나!"가 훨씬 더 나은 칭찬이다. 이렇게 구체적으로 칭찬하면 아이는 다음에 자신이 어떤 노력을 해야 하는지 알게 되고 더 발전적인 방향으로 스스로를 성장시키게 된다.

근거 있는 칭찬을 한다

아이가 실수를 하거나 결과물이 안 좋을 때 "그래도 잘했어!"라고 말하는 것은 아이로 하여금 칭찬에 대한 신뢰, 더 나아가 칭찬해준 사람에 대한 신뢰까지 잃게 만든다. 그러므로 결과가 나쁠 때는 "아쉽다. 그렇지만 다음번엔 더 잘하도록 노력하자."라고 격려해주는 것이 아이가 현실을 받아들이고 발전하도록 동기를 갖게 만드는 방법이다.

과하면 금물이다

칭찬도 과하면 안 하는 것만 못하다. 실제로 심리학에는 '칭찬 중독'이라는 증세가 있다. 항상 칭찬 받던 아이가 칭찬을 받지 못하면 자존감을 잃고 불안해하거나 좌절감을 느낄 수 있다는 것이다. 그러므로 칭찬은 적재적소에 적당히 사용하도록 하자.

비교하는 칭찬은 금물이다

한 아이를 칭찬하기 위해 "네가 누구누구보다 더 잘 만들었구나!"라는 식의 비교형 칭찬은 칭찬 받는 아이와 비교 당한 아이 둘 모두에게 악영향을 끼칠 수 있다. 한쪽은 비교 우위에서 오는 우월감으로 상대를 하찮게 여길 수 있고, 다른 한쪽은 선생님에 대한 원망과 열등감의 씨앗이 마음속에서 싹틀 수 있으니 절대 하지 않는 것이 좋다.

이외에도 칭찬의 기술은 매우 많다. 유명 컨설턴트이자 〈칭찬은 고래도 춤추게 한다〉의 저자 켄 블랜차드Ken Blanchard의 칭찬 10계명을 응용하여 만든 필아트 칭찬 10계명을 여기서 소개한다. 학원의 상황에 맞게 적절하게 변형해서 활용하기 바란다.

필아트 칭찬 10계명

1. 칭찬할 일이 생겼을 때는 다음으로 미루지 말고 즉시 칭찬하라.

2. 잘한 부분에 대해서 구체적으로 자세히 칭찬하라.

3. 가능하면 아이들 앞에서 공개적으로 칭찬하라.

4. 작품의 결과보다는 제작 과정을 칭찬하라.

5. 사랑하는 사람을 대하듯 애정을 가지고 칭찬하라.

6. 가식 없이 진실한 마음으로 칭찬하라.

7. 긍정적인 관점으로 아이를 바라보면 칭찬할 것이 보인다.

8. 작업의 진행과정에 대해 스스로 만족하지 못하고 있을 때 더욱 격려하라.

9. 아이가 무언가를 잘못했을 때 그 부분을 명확히 지적하되, 가급적 빨리 긍정적인 방향으로 분위기를 전환해서 지나치게 위축되지 않도록 배려하라.

10. 가끔씩은 선생님들끼리도 서로 칭찬하고 자기 자신도 칭찬하라.

미술학원 성공 NOTE

• 개성이 강한 아이는 그 자체를 인정해주면서 인내와 기다림으로 지도하라.

• 억지로 바꾸려고 하기보다 존중해주는 것이 중요하다.

• 특별한 학원에서, 특별한 교육을 받는, 특별한 아이라고 느끼게 만들자.

• 편지나 메시지 등으로 아이에게 표현하고 교감하면 마음을 얻을 수 있다.

• 이벤트 수업을 통해 특별하고 즐거운 기억을 만들어주자.

• 제대로 된 칭찬은 아이의 잠재력에 날개를 달아준다.

선생님들과 찰떡궁합 연애를 하라

선생님의 자질과 사명감을 키워주는 원장이 되라

1인 기업으로 운영되는 홈스쿨이나 교습소가 갈수록 늘어나는 추세이지만 홈스쿨에서도 수업을 도와주는 보조강사를 채용하는 경우가 종종 있다. 미술학원의 규모가 커질 때 가장 신경 쓰는 부분이 바로 강사 채용이다. 학원을 운영하면서 발생하는 문제나 결정사항 가운데 중요한 것이 바로 강사와의 관계다. 내가 생각하는 성공 포인트 가운데 특히 강조해서 말하는 것이 '사람과 사람, 사람이 중심'이라는 교육철학이다.

'사람'에는 학생, 학부모 등 학원과 관계된 모든 사람이 포함되겠지만 그중 강사가 차지하는 비중은 학생과 학부모에 비해 결코 적지 않다. 내가 부족한 능력으로 학원을 크게 성장시킬 수 있었던 가장 큰 요인도 바로 선생님들이다.

미술 교육에 종사하는 선생님들은 원장과 달리 학원을 천직으로 생각하기보다 잠시 거쳐 가는 아르바이트나 부업으로 생각하는 경우가 많다. 미술 교육계에 적지 않은 기간 동안 몸담고 있으면서 많은 선생님을 보았지만 확고한 사명감이나 교육철학을 갖고 있는 선생님은 그리 많지 않았다. 개인적으로 매우 아쉽게 생각하고 반드시 고쳐야 할 부분이라고 본다.

미술 교육만큼 선생님의 영향을 많이 받는 과목이 있을까? 미술은 공식에 대입해서 답을 찾아내고 논리력을 키우기 위한 교육이 아니다. 미술 교육은 아이와 소통하고 감성적인 교감을 나누어야 하기 때문에 선생님의 자질과 사명감이 특별히 더 중요하다는 사실을 간과하면 안 된다.

학원의 규모나 지역에 따라 차이는 있지만 보편적으로 미술학원의 수업료는 낮게 책정되어 있다. 그래서 빠듯하게 운영되는 미술학원에서는 선생님의 급여를 낮추기 위해 수업하는 시간을 줄인다. 그렇다보니 오후 12시가 지나서 문을 열고 7시면 퇴근하는 학원이 많다. 수업을 시작할 때 문을 열고 수업이 끝나면 문을 닫는 형태로 운영하면 선생님들의 일과는 수업만 하기에도 벅차고, 결국 수업 준비와 상담 관리 등을 소홀히 할 수밖에 없는 악순환이 반복된다.

미술학원 경영자는 선생님들이 직업의식을 가질 수 있도록 학원 시스템을 체계적으로 구축하고 교육자로서 마인드를 심어주어야 한다. 학원의 규모가 커지고 채용하는 강사의 수가 하나 둘 늘어나면서 나는 이 부분에 대해서 많은 고민을 했다. 고민 끝에 찾은 해결책은 바로 선생님들과 '같은 꿈'을 꾸고 그 꿈을 이루기 위해 함께 가는 것이다.

선생님은 부하 직원이 아닌 파트너다

미술학원에서 선생님은 부하직원이 아니다. 미술학원에서 선생님은 사업 파트너이자 조력자다. 과거 학원에서 일했던 선생님들은 물론, 지금 필아트 에듀에서 함께하고 있는 직원들이나 가맹 학원의 원장님들도 마찬가지이다. 항상 내가 아닌 '우리'의 꿈을 함께 꾸고 그리며, 우리가 하는 모든 것은 미술 교육의 새 역사가 된다는 사명감을 가지고 그 꿈을 이루기 위해서 계획을 세우고 전략을 실천한다. 또한 교육자 입장에서 교육이 인간을 얼마나 변화시키는지 그 효과를 누구보다 가장 잘 알고 있기에 나 자신을 비롯해서 함께하는 선생님들도 항상 공부하는 자세로 새로운 것을 배우기 위해 노력한다.

선생님의 능력을 잘 활용하는 원장보다 선생님을 능력을 신뢰하고 성장시키는 원장이 훌륭한 원장이다. 원장으로 일할 때 가장 잘했다고 생각하는 것 중 하나가 한 달에 두 번 진행했던 선생님들과의 스터디모임이다. 주제를 정한 다음 팀별로 선정한 책을 읽고 발표한 뒤 현장에서 어떻게 적용할 것인지, 궁금한 점을 질문하면서 토론을 이어가는 방식으로 지식을 공유한다. 이와 같은 생산적인 스터디는 보통 3시간 동안 진행되는데 늘 시간이 모자랄 정도로 열성적이었다. 내가 선생님들께 드린 것은 책 한 권이지만 그 가치는 선생님의 전문성과 열정을 더 높여 주고 나아가 아이들에게 더 큰 세상을 만나게 해 주는 초석이 된다.

고무적인 것은 선생님들의 자발적인 참여로 모든 일이 진행된다는 점이다. 같은 꿈을 꿀 수 있는 것만으로도 즐겁고 감사한 일인데 수많은 시행착오와 노력을 거치면서 함께 꿈의 조각을 맞춰간다는 것은 너무나도 큰 행운이 아닐까.

〈필아트 스터디 장면 예시〉

이쯤에서 생기는 질문 하나. 과연 선생님들도 스스로 동등한 파트너라고 느끼고 있을까? 그 질문에 확신 있게 대답할 수 없다면 함께 같은 꿈을 꾼다고 말하기는 어려울 것이다. 선생님들은 학원과 교육 프로그램에 대해 확고한 프라이드를 가지고 있어야 한다. 원장이 먼저 선생님의 노고에 감사하고, 단지 말뿐이 아닌 감사의 편지나 선물 등으로 그것을 표현함으로써 선생님의 프라이드를 더욱 높여줄 수 있다.

인정받고 있다는 느낌은 사람의 능력을 배가시키는 최고의 원동력이다. 또한 너와 내가 아닌 우리라는 소속감을 확실히 가지는 것도 선생님의 의욕을 끌어올리는 데 도움이 된다. 나의 경우 선생님들에게 똑같은 디자인의 반지를 선물해서 나눠 끼고 항상 우리가 한 팀이라는 것을 잊지 않기를 바랐다.

〈강사 생일 이벤트, 우정 반지 예시〉

브이모스(VMOS)라는 것을 들어본 적이 있는가? VMOS란 Vision(비전), Mission(미션), Objectives(주요목표), Strategy(전략)의 앞 글자를 따서 만든 약어다. 항목별로 세부적인 내용을 채워 넣으면서 '나'라는 사람이 일과 개인의 삶을 통해 이루고 싶은 꿈을 실현 가능한 것으로 만드는 일종의 계획표다. 학원 컨설팅 교육 때 브이모스를 작성하면서 다른 선생님들의 브이모스도 모두 함께 공유했다. 다른 사람의 꿈을 들여다보는 특별한 경험 자체로도 좋았지만 무엇보다 나와 선생님들이 학원 업무에서 함께 이뤄나갈 비전을 공유하면서 진정으로 같은 꿈을 꿀 수 있게 도와준 것 같아 고마운 시간이었다.

혼자여도 좋고 둘이나 셋이어도 좋다. 가능하다면 브이모스를 만들고 공유해 보기를 추천한다.

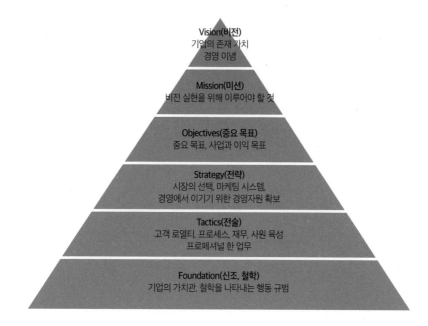

Vision(비전)
기업의 존재 가치
경영 이념

Mission(미션)
비전 실현을 위해 이루어야 할 것

Objectives(중요 목표)
중요 목표, 사업과 이익 목표

Strategy(전략)
시장의 선택, 마케팅 시스템,
경영에서 이기기 위한 경영자원 확보

Tactics(전술)
고객 로열티, 프로세스, 재무, 사원 육성
프로페셔널 한 업무

Foundation(신조, 철학)
기업의 가치관, 철학을 나타내는 행동 규범

소통하고 또 소통하라

강의나 세미나에서 여러 가지 사례를 접한다. 미술학원 원장님이 고민하는 부분 가운데 상당수는 선생님들과의 소통에 관한 문제다. 선생님들에 대한 요청이나 불만을 어떻게 효과적으로 전달해야 하는지에 대한 고민, 빠른 시간 내에 그 부분을 해결하지 못해 오해가 쌓여서 서로의 관계가 불편해지는 일이 종종 발생한다.

나도 선생님들과 크고 작은 문제를 겪었다. 사람 사이에 아무 문제가 없다면 거짓말이다. 사적으로는 좋은 게 좋다는 마음으로 넘어갈 때가 많지만 일적인 부분에서는 짚고 넘어가지 않으면 나중에 더 큰 문제가 된다는 것을 알기 때문에 문제가 생겼을 때 바로바로 지적하는 편이다. 솔직하다

못해 때로는 직설적이고, 언짢은 감정을 숨기지 못하는 것을 잘 알기 때문에 함께하는 가족들을 진심으로 사랑하고 그 사랑이 통하게 하려고 노력한다. 그래야 오해가 덜 생기고 감정이 상하는 것도 막을 수 있다.

사랑하는 마음은 숨길 수 없고 감춰지지도 않는다. 선생님들과의 관계에서도 역시 기본 전제가 사랑이라면 어떤 고민이나 문제도 해결할 수 있다. 나는 큰 실수에 대해서는 질책보다 격려를 하는 편이다. 굳이 내가 말하지 않아도 스스로 힘들고 자책하며 반성한다는 것을 알기 때문이다. 스스로 반성하는 사람에게 굳이 타박을 한다면 잘못을 받아들이고 인정은 하겠지만 마음을 얻지는 못할 것이다.

반면에 작은 실수는 하나도 놓치지 않고 지적한다. 1~2분 늦게 출근하거나 건망증으로 생기는 아주 사소한 실수들, 이런 것들을 굳이 짚고 넘어가는 이유는 작은 것을 소홀히 생각하는 습관을 키우지 않기 위한 것도 있고 너무 사소해서 스스로 깨닫지 못한 채 넘겨버리다가 나중에 큰 문제가 생기는 것을 막으려는 의도도 있다. 보이지 않는 곳에서 생긴 균열로 인해 커다란 댐이 무너지듯이, 작지만 기본적인 요소들이 제 역할을 할 때 큰 효과가 발생한다.

의외로 사소한 부분을 챙기는 일을 어려워하는 경영자가 많다. 물론 싫은 소리 하는 것을 좋아하는 사람은 없다. 듣는 사람도, 하는 사람도 불편하지만 잠깐의 불편함으로 더 큰 오해를 막고 서로의 발전을 돕는 의미에서 좋은 일이라고 생각하자.

'하지 마세요!', '안 돼요!'처럼 부정적이고 명령하는 말보다 '하면 어떨까요?', '어떻게 생각하세요?' '해봅시다!'처럼 긍정적인 말로 의사표현을 한다면 받아들이는 사람도 기분 좋고 지적받는 순간의 민망함은 더 잘하려는 의지와 생각으로 발현될 것이다.

이렇게 선생님과 소통하고 비전을 나누면서 함께 일해도 모두가 100%

만족할 수는 없다. 인간이기에 누구나 부족하다는 것을 인정하고 서로의 약점을 보듬어주면서 발전적인 방향으로 이끌어주도록 하자. 거기에 교육을 통해서 실력까지 향상될 수 있도록 한다면 분명 엄청난 시너지를 만들어 낼 수 있으리라 확신한다.

가르치는 사람이 더 많이 공부해야 한다

미술을 전공하고 현장에서 수업을 한다고 모두 선생님이 되는 것은 아니다. 강사의 실기 능력이 아무리 출중해도 자기가 가진 능력을 아이들에게 전달하는 것은 쉽지 않다. 아동 미술 교육을 하기 위해서는 단지 잘 그리고 만드는 것이 아니라 좋은 수업 내용과 교수법, 교육학과 아동학을 알고 적용하는 능력이 있어야 한다. 하지만 미술 교육계의 열악한 인력 수급과 낮은 급여 때문에 실력 있는 미술인들이 다른 업종을 찾는 경우가 많아지고, 좋은 교수안이 있어도 여러 여건상 적용할 수 없는 경우도 많다.

미술학원 선생님의 급여가 왜 낮은지 이유를 찾다 보면 선생님의 전문성에 대한 의구심이라는 결론을 내리게 된다. 안타까운 현실이다. 미술 지도는 기술적인 부분이 중요시되다 보니 실기력, 수업진행 능력, 상담 등 모든 부분을 갖춘 전문가라 불릴 만한 교육자가 드물다. 미술 교육의 활성화를 위해서라도 미술인들이 각성하고 스스로 전문 교육인으로 성장하기 위한 노력이 필요한 시점이다.

초보 선생님을 보면 어떻게 수업을 이끌어야 하는지, 아이들을 어떻게 대해야 하는지 몰라서 허둥대다가 수업을 마치는 경우도 있다. 아이들이 교육에 따라서 발전하듯이 좋은 선생님이 되려면 학생들보다 더 많이 공부해야 한다.

내가 선생님을 채용할 때에는 처음부터 수업을 맡기지 않았다. 누구나 다 할 줄 알지만 실천하기 어려운 일들에 익숙해진 후에 비로소 선생님의 자격을 얻는다. 수습기간 동안 인사하는 법, 전화 받는 법 등을 비롯해서 수업 준비와 업무에 필요한 교육을 받는다. 선임 선생님의 수업을 참관하고 수업 계획안을 짜고 교수법을 연구하며, 현장에서 적용하고 피드백을 받는 데 걸리는 기간은 보통 3개월 정도다. 그 기간 안에 시범 수업을 통해서 실력을 검증해야 아이들을 맡아서 수업을 진행할 수 있다.

똑같은 프로그램으로 수업을 진행해도 수업 만족도나 반응은 담당 선생님에 따라 천차만별이다. 선생님 개인의 능력차가 심하면 아이들이 선생님을 비교하고 평가한다. 그러면서 선생님들 사이에 격차가 벌어진다. 좋은 평가를 받는 선생님은 자만하고, 상대적으로 좋지 않은 평가를 받는 선생님은 자괴감에 빠질 위험이 있다. 아이들의 선호도는 곧 부모의 선호도로 이어져 수업을 선택해서 받으려는 학부모가 생겨나기도 한다. 이런 현상은 학원 발전의 저해 요소가 된다.

현명한 학원 경영자는 모든 선생님의 능력을 최대치로 끌어 올려서 상향 평준화하려고 노력한다. 그러기 위해서 수업을 비롯한 학원 업무를 시스템화 하는 것이 필요하다. 모든 부분에서 선배 선생님들의 노하우와 경험을 전달받을 수 있도록 환경을 제공해야 한다. 선생님을 진정한 미술 교육자로 육성하기 위해 가장 기본적인 인사부터 시작해서 아이들을 지도하는 교수법까지 교육해야 한다.

좋은 선생님 찾기

선생님을 위한 교육을 체계적으로 실시한다 하더라도 선생님의 기본적인 자질이나 성품, 가치관까지 한번에 바꿀 수는 없다. 그러므로 애초에 좋은 선생님이 될 만한 사람을 채용해야 한다.

그렇다면 과연 어떤 선생님이 자질이 있는 선생님일까? 표정이 밝고 환한 미소로 잘 웃는 긍정적인 선생님, 건강한 선생님, 끈기와 책임감 있는 선생님, 소신 있는 선생님, 늘 노력하는 선생님, 예의바르고 공손한 선생님, 유머 감각이 있는 선생님 등이 선생님으로서의 좋은 자질을 가진 경우다. 특히 미술선생님이라면 다르게 볼 수 있는 눈과 풍부한 경험이 필요하고 즐기면서 일하는 태도, 동료를 도와주는 마음, 외적 표현과 내적 표현을 읽어내는 섬세함, 칭찬으로 성취와 자신감을 심어주는 긍정적인 성향을 지녀야 한다.

항상 이러한 부분들을 고려하면서 좋은 선생님을 찾고자 했지만 매번 내가 정한 기준에 맞는 선생님만 채용되는 것은 아니었다. 한번은 정말 밝고 적극적인 모습이 마음에 들어서 채용한 선생님이 있었는데 막상 수업을 시작했더니 자신의 스타일을 아이들에게 주입식으로 강요하는 것도 모자라서 종교적인 이야기를 아이들에게 집요하게 했던 경우도 있었다. 또 아이들을 예뻐하고 인간미도 있지만 수업 시간에 휴대폰이 손에서 떠나지 않는 등 수업 성실도가 낮은 선생님이 있는가 하면 선생님으로서 기본적으로 지켜야 할 품위와 도덕적인 부분에서 문제가 되었던 경우도 있었다.

이처럼 몇몇 선생님에게 실망한 뒤로 채용할 때는 더더욱 심층적인 면접과 시강 등을 통해 검증된 선생님을 뽑고자 노력하게 되었다.

고집 센 베테랑보다 의욕 있는 초보가 낫다

효과적인 업무를 위해 무조건 하루를 열심히 사는 것보다 장기적인 목표를 갖고 계획적으로 실행하는 것이 중요하다. 따라서 학원 시스템에 차질이 없도록 선생님이 지켜야 하는 지침부터 수업까지 하루 업무 일정표를 만들고 스스로 어떤 업무를 진행할지 일지를 쓰면서 계획적으로 일하는 환경을 만들어야 한다.

강사를 교육하고 배출할 때 힘쓰는 부분을 한 가지 더 이야기하자면 바로 '새끼 강사 교육'이다. 경력 있는 선생님은 짧은 기간의 교육만으로도 현장에서 강의를 하고 좋은 성과를 내지만 그런 강사를 당장 뽑을 수 없을 때는 차라리 대학을 갓 졸업한 사회 초년생, 일명 '새끼 강사'를 교육하는 것이 낫다.

아이들을 가르치다 보면 잘못된 습관이나 화풍에 길들어서 '차라리 아무것도 모르는 아이를 가르치는 게 낫겠다.', '새하얀 백지 위에 다시 그려 넣으면 좋겠다.'는 생각을 종종 할 때가 있을 것이다. 선생님도 마찬가지다. 아는 것은 없지만 열정과 의욕이 넘치는 초보 선생님은 학원 분위기를 밝게 해주고 무엇이든 흡수하려고 노력한다. 또한 모든 것이 처음인 새끼 강사를 보면서 선배 선생님들은 좋은 본보기가 되기 위해 더욱 수업에 집중하고 수업 능력을 높이려고 애쓸 것이다. 배울 때보다 가르칠 때 더 많이 공부하게 되는 법이니 말이다.

학원을 발전시키는 진정한 강사를 찾는 것이 어렵다면 차라리 키우라고 말하고 싶다. 좋은 학력을 가진 선생님이 지원하면 원장님들은 두 팔 벌려 환호하는 경우가 많다. 물론 좋은 학력을 가지고 있으면서 실력도 좋고 성품도 좋으면 더할 나위 없겠지만 좋은 학력에 현혹돼서 진정으로 필요한 부분을 보지 못하고 나중에 힘들어하는 원장님을 많이 보았다. 진정한 강사는 학력으로 만들어지지 않는다. 결코 학력이나 성적에 현혹되지 말아야 한다.

학원의 성공 여부는 선생님의 능력에 달려 있다고 해도 과언이 아니다. 선생님을 한번 채용하면 최소 1년 이상 학원에서 근무하게 된다. 오랜 시간 함께할 식구를 뽑는 만큼 신중에 신중을 기해야 한다. 원장이 선생님을 선택하는 것에만 포커스를 맞추지 말고, 선생님도 원하는 원장과 학원에 대해 말할 수 있도록 기회를 주어야 한다. 아이들을 가르치는 선생님은 부하직원이 아니라 학원을 함께 이끌어 가는 조력자라는 점을 반드시 기억하자.

강사 채용 따라잡기

바람직한 강사 채용의 단계는 다음과 같다.

1. 서류전형 : 이력서, 자기소개서, 성적증명서, 주민등록등본 등 제출 서류를 통해 이력과 경력사항을 꼼꼼히 확인한다. 허위 경력이 있는지 반드시 확인하고, 경력자의 경우 전임 원장에게 강사의 인성에 대한 부분을 물어볼 수도 있다.

2. 면접지 : 설문 형태의 면접지를 활용한 심층 면접

3. 실기 시험 : 실기능력 파악

4. 샘플 수업 : 모의 수업 참여나 시강

5. 실전 TEST : 실전 수업을 통해 지도력 및 수업진행 능력 파악

채용 기준

경험이 많은 학원 경영자는 학원 선생님들에게 학원의 성패가 달려 있다는 것을 이미 알고 있다. 선생님을 채용한 다음 학원 시스템에 맞춰 교육해서 우리 학원에 맞는 선생님으로 만드는 것도 좋지만, 처음부터 훌륭한 선생님을 채용한다면 교육시간도 줄일 수 있고 양질의 수업을 할 수 있기 때문에 여러모로 효과적이다. 먼저 현재 어떤 방식으로 선생님을 채용하는지 자문해 볼 필요가 있다.

혹시 구인광고를 내서 면접 보러 오면 간단히 이야기를 나누고 월급 조건이 맞으면 채용하고 있지는 않나? 지인이 소개해 준 사람을 절대적으로 믿고 채용하고 있지는 않나? 나도 처음에는 구인광고를 내서 면접을 보고 채용하거나 지인에게 소개 받은 선생님을 채용했다. 사람을 볼 줄 몰랐고 사람들의 말을 잘 믿는 편이었다. 하지만 경험을 통해 채용의 중요성을 깨달은 뒤로는 강사채용 매뉴얼을 만들어 엄격하게 채용하고 수습 과정과 업무 계획을 통해 선생님의 능력을 향상시켰다. 그런 노력을 한 뒤로는 선생님으로 인한 문제나 컴플레인이 거의 발생하지 않았다.

실전 면접

학원에서 선생님을 채용할 때 면접 시간은 짧다. 몇 마디 나누고 선생님의 모든 면을 파악하기는 어렵다. 내가 선생님을 채용할 때 면접 시간은 다른 학원보다 길었다. 처음에는 대화로 진행하는 면접을 하기 전에 구체적인 질문들을 정리해 놓은 면접지를 주고 필아트에 지원한 선생님이 충분히 생각하고 질문에 대한 답을 적을 수 있도록 시간을 주었다. 이렇게 하면 말로 표현하기 어려운 부분을 글로 표현할 수 있고 대화로 전달되지 않는 느낌을 직접 쓴 글을 통해서 느끼는 경우도 많다.

실제로 면접을 보았던 선생님들의 말에 따르면 이런 미술학원 면접은 처음이라고 했다. 그만큼 미술 교육계에 시스템적인 부분이 제대로 갖추어지지 않았다는 점을 반증하는 것이기도 하다. 그러므로 채용 기준과 채용 방법, 미술학원 운영에 필요한 사항들을 매뉴얼과 시스템으로 만들어야 한다. 그러면 체계가 갖춰진 곳에서 일하고 싶은 실력 있는 선생님들의 러브콜을 받을 수 있다.

시강

선생님을 구하는 공지를 보고 연락한 지원자에게 '시강'을 해야 한다고 얘기하면 지원자들의 반응은 대체로 좋지 않다. 시강을 해야 한다는 말을 듣고 다시 연락을 주겠다고 말하면서 전화를 끊는 경우도 있는데, 이 경우는 대부분 완전 초보이거나 수업 경험이 적어서 자신감이 없기 때문이다.

어떤 지원자는 경력이 많다고 이야기하면서 시강을 꼭 해야 하냐고 묻고 따지다가 기분이 상해서 전화를 끊기도 한다. 이런 지원자는 실력이 아주 뛰어나더라도 채용 기준에서 멀어진다. 왜냐하면 미술선생님이 꼭 갖춰야 할 유연함을 갖추지 못했고, 원칙을 준수하기보다 주관적으로 판단하고 혼자 처리하는 성향이 강해서 여러 선생님과 함께 일할 때 트러블이 생길 수 있기 때문이다. 반면에 자신이 없다거나 잘할 수 있을지는 모르겠지만 일단 열심히 최선을 다해 보겠다고 얘기하면서 면접 약속을 잡는 지원자도 있다. 이렇게 시강에 적극적으로 동의하는 지원자는 학원의 룰을 인정하고 받아들이는 태도가 좋은 평가를 받고 기본적인 성품에 '긍정'이 들어있는 것으로 보여진다.

이후에 취업을 희망하는 선생님이 실제로 시강을 할 때는 아이들을 가르치는 스킬보다는 '가능성'을 본다. 지원자마다 가장 잘 교육할 수 있는 대상은 다르다. 그 대상은 유치부일 수도 있고 초등 저학년 혹은 고학년, 어쩌면 중학생 이상일지도 모른다. 중요한 것은 현재 강사가 가진 기량이 아

니다. 수업하는 모습을 보면서 진정성을 가지고 아이들을 대하는 선생님인
지 판단해야 한다. 전반적으로 교육을 진행하는 방법과 순서를 보면서 경
험이 어느 정도인지 파악하고 부족한 부분이 있다면 교육을 통해서 발전할
가능성이 있는지, 있다면 어느 정도의 교육기간이 걸릴지 등을 가늠해 보
고 다른 강사와 소통하는 부분도 고려한다.

시강은 뛰어나게 했지만 변화하고 발전하지 않는 선생님보다는 조금 부
족하지만 교육을 통해 변화하고 발전 가능성이 있는 선생님이야말로 학원
의 성공을 보장하는 인재이다.

미술학원 성공 NOTE

- 아이와 소통하고 감성적인 교감을 나누려면 강사로서 기본적인 자질과 사명감
  을 가져야 한다.
- 오해와 갈등이 생기는 것을 막기 위해 동료와 끊임없이 소통하자.
- 좋은 선생님이 되려면 더 많이 공부해야 한다.
- 선생님은 부하직원이 아니라 파트너이자 조력자이다.
- 좋은 선생님을 찾기가 어렵다면 좋은 선생님을 만들어 보자.
- 채용 기준과 방법을 체계화해서 인재를 찾고 함께 발전해야 한다.

당신도 이제 상담의 고수

일반적으로 학원에서 상담하는 단계를 구분하면 다음과 같다.

학원 상담의 7단계

	상담 단계
1단계	신입 상담
2단계	적용 초기 상담
3단계	수업에 관한 상담
4단계	브리핑 상담
5단계	중기 상담
6단계	슬럼프 상담
7단계	말기 상담

신입 상담

학부모와 아이가 신입 상담을 오면 대부분 선생님은 상담을 통해서 등록으로 연결해야 한다는 부담감을 갖는다. 그런 부담과 긴장은 자신도 모르는 사이에 표정으로 나타나고 자칫 조급한 태도나 프로답지 못한 부분을 노출할 수 있다. 그러므로 신입 상담은 반드시 여유를 가지라는 이야기를 한다. 혹시 여건이 맞지 않아서 당장 등록을 안 하더라도 좋은 이미지를 갖고 돌아가면 나중에 등록하거나 다른 사람들에게 소개해 줄 수 있다는 사실을 기억하기 바란다.

너무 필사적으로 등록시키기에만 연연하지 말고 학원의 장점을 충분히 알리면서 아이에 대한 관심을 나타내는 편이 더 좋다. 학원의 장점을 충분히 알리기 위해 신입 상담 시에 학원 프로그램과 커리큘럼 등 학원에 대한 소개만 구구절절 늘어놓으라는 것이 아니다. 이런 상담은 내가 미술학원을 처음 운영할 때 하던 상담 스타일이다. 당시에는 그것이 최선이라고 생각했지만 진정한 상담의 고수는 한 차원 더 높은 노하우를 가지고 있다는 것을 알게 되었다.

이제는 상담 시간을 '공유의 시간'이라고 생각하기 바란다. 아이에 대한 이야기부터 시작해서 미술 교육에 대한 아이와 부모님의 생각, 미술 이외의 교육적인 부분까지 모든 것을 소통하고 공감하는 '공유의 시간'으로 상담을 활용해야 한다.

상담은 말 그대로 서로의 생각을 의논하는 것이다. 선생님 혼자 말하는 것보다 학부모와 아이의 말을 경청해야 하고, 설득하려 애쓰기보다 이해하려고 노력해야 한다. 또한 대화를 통해 학부모가 가장 궁금해 하는 부분과 바라는 부분을 알아내야 한다. 일반적으로 미술학원의 교육을 통해서 아이가 어떻게 달라지고 변화할지에 대한 부분이 학부모의 가장 큰 관심사이지만, 그 외에 학부모와 아이가 무엇을 바라는지 세심히 파악하고 그 부분을 어떻게 충족시킬지를 정확히 제시해 주어야 한다. 좀 더 경험 있고 숙련된 선생님이라면 미술 교육이 얼마나 중요한 교육인지, 예술의 가치, 그리고 내가 아이에게 얼마나 많은 부분을 함께하고 가르쳐 줄 수 있는지를 상담을 통해 전달해야 한다.

정리하자면, 신입 상담 시에는 당당하고 자신감 있게 학원을 알리고 공감과 소통의 자세로 학부모와 학생이 원하는 것을 파악하면서 미술 교육의 중요성을 알려야 한다. 그리고 상담할 때 학부모를 통해 듣는 여러 가지 정보와 시장의 변화에 주의를 기울이며, 타 학원이 어떤 변화를 하고 있는지 추세를 파악하고 미래를 예측하는 기회로 삼아야 한다. 특히 상담 시에는 언어적인 전달도 중요하지만 학원의 교육 목표부터 수업 매뉴얼, 교육자료 등을 문서로 준비해 놓고 브리핑하면서 신입 상담지에 학부모와 아이의 이야기를 정성스럽게 기록하면 학부모는 존중받고 있다는 느낌을 받는다.

경험상 소개가 가장 많이 이루어지는 시기가 등록 후 1~3개월 이내라는 점만 보아도 신입 상담은 단순히 한 명의 학생이 새로 들어오는 것 이상의 결과를 불러오는 이른바, '황금알을 낳는 거위'라 할 수 있다. 준비 없이 어설픈 상담으로 거위의 배를 가르는 실수를 하지 말아야 한다.

초기 시의 상담

학부모의 가장 예민하고 불안한 시기가 자녀를 학원에 등록하고 1~2주 정도 지난 후다. 특히 아이의 나이가 어린 학부모일수록 더욱 걱정이 많다. 적응은 잘 하는지, 친구 관계에 문제는 없는지, 수업은 잘 따라가고 있는지, 교통편에 따라 안전하게 타고 내리는지 등 머릿속에는 온통 걱정으로 가득하다. 이 때문에 학원 등록 초기에는 무엇보다 아이가 잘 적응할 수 있도록 선생님의 주의 깊은 관찰이 필요하다.

미술학원에 다녀온 아이에게 학부모가 가장 듣고 싶은 얘기는 무엇일까? "미술학원 재미있어!", "선생님 좋아!", "미술학원 또 언제 가?" 등등. 이런 말이 아닐까? 수업료를 낸 만큼 당연히 긍정적인 피드백이 듣고 싶을 것이고, 아이의 긍정적인 반응을 보면 '이 학원에 보내길 잘했다.'라는 생각에 학부모도 만족할 것이다. 따라서 입학 등록 초기에는 아이가 수업에 잘 적응하고 있는지, 수업에 대한 이해도는 어떤지 각별히 신경 써야 한다. 아이가 수업에 잘 적응하는 모습을 학부모에게 전달하면서 믿음을 형성하는 적응기에는 전화 상담, 문자, 동영상 등 여러 가지 방법을 동원해서 학원에서 아이의 일상을 알리는 것도 좋은 방법이다.

중기 시의 상담

중기 상담의 목적은 지금 학원을 다니는 아이의 학원 생활과 수업 내용, 발전 정도에 관한 전반적인 보고와 전달이다. 너무 당연한 말이지만 학부모는 아이의 학원 생활이 궁금하다. 학부모는 아이의 발전 과정에 대해 상담할 권리가 있다. 이미 많은 학원을 다녔기 때문에 학부모나 아이가 안정기에 접어들었다고 생각해 조금은 편한 마음으로 상담할 수도 있다. 하지만 알다시피 학원은 매일매일 어떤 일이 생길지 모르는 곳이다. 눈에 띄게 실력이 향상되는 게 보이고, 어제까지도 멀쩡하게 웃으며 수업 받은 아이가 오늘 당장 아무런 이유도 없이 그만둔다는 폭탄선언을 하는 곳이 바로 미술학원이다. 그러니 항상 위기의식을 가지고 초심을 잃지 않는 자세로 상담을 진행해야 한다.

중기 상담에서는 무엇보다 진정성을 보여주는 것이 중요하다. 미술 교육은 감성 교육이다 보니 실력 못지않게 아이를 진정으로 사랑하는 선생님의 모습을 보여줄 필요가 있다. 또한 꾸준한 관심과 관찰을 통해서 학부모가 놀랄 정도로 아이에 대해 자세히 알려주는 것, 더불어 미술 교육을 통해서 아이가 어떻게 변하고 있는지 구체적인 예를 들어가며 전달하는 것이 중요하다.

그리고 칭찬만 하기보다 아이가 잘하는 부분을 구체적으로 알려주고, 부족한 부분은 무엇인지, 어떤 방식으로 동기부여하면서 가르쳐야 부족한 부분을 해결할지에 대해서 구체적으로 제시해야 한다. 그래야 전문가로서, 교육자로서 선생님을 인정하게 된다. 이처럼 미술 교육은 성적으로 평가할 수 없는 만큼 학생 개개인에게 목표를 제시하고 개인의 목표에 맞는 계획을 세워서 하나씩 성취하도록 유도하고 그 결과를 상담 시에 알려 주어야 한다.

중기 상담의 효과를 높이는 또 한 가지 방법은 아이들의 작품에 관해 브리핑하는 것이다. 아이의 조형 작품과 스케치북에 잘 정리해 놓은 작품들을 보여주면서 발달 과정과 장점, 가능성 등을 자세하게 설명한다.

특히 효과적인 상담을 위해 학부모와 사전에 약속한 후 상담 전에 미리 아이의 작품을 선별해 두고 준비된 모습으로 상담을 진행하는 것이 좋다. 또한 미술 교육 전문가로서 이론적인 부분과 현장감, 그리고 선생님의 열정을 상담하는 시간에 전달해야 한다. 만약 상담이 힘들고 어렵다고 생각되면 다른 모든 것을 제쳐두고 진정성을 가지고 진솔하게 말하는 것이 좋다. 상담은 스킬로 해서는 안 된다. 진심은 어디서든 통하기 마련이다.

슬럼프 시의 상담

사실 미술 수업이라고 해도 항상 즐겁고 쉬울 수만은 없다. 아이가 "힘들어요.", "재미없어요."라는 이야기를 자주 하면 학부모는 마치 기다리기라도 했다는 듯이 "그래, 그 미술학원 그만두자!"라는 대답을 하게 마련이다. 아이가 하고 싶어 하니 미술학원을 보내긴 하지만 다른 것도 배울 게 많고, 시간도 없는데 왜 미술을 굳이 시간과 비용을 들여가면서까지 배워야 하는지를 학부모는 잘 모른다. 이런 안타까운 교육 현실을 극복하려면 먼저 선생님의 능력을 키워야 한다.

미술 교육계에서 가장 인정받는 선생님은 수업을 재미있게 하고 실력까지 향상시키는 선생님이다. 하지만 아무리 실력 있는 선생님이 재미있게 수업을 해도 어떤 아이든 한계에 부딪치거나 권태로움을 느끼는 시기가 찾아온다. 이 시기가 길어지면 슬럼프로 이어지게 마련이다. 그런 경우 학부모에게 전달하는 방법이 중요하다. 누구나 슬럼프는 단순히 지치고 힘든 시기가 아니라, 이제 정말 실력이 한 단계 더 오를 때라고 말해야 한다. 마치 개구리가 멀리 뛰기 위해 몸을 움츠리듯이 말이다. 운동선수도 슬럼프를 극복하면 더욱 향상된 기량을 보여준다.

그러므로 슬럼프를 힘겨워만 하지 말고 빠른 시일에 극복해서 더 큰 성장의 기회로 만들어야 한다. 그래서 이런 슬럼프가 오기 전에 미리 진단하고 학부모와 상담을 통해 지금 아이가 어떤 상황인지, 무엇으로 인해 힘들어 하는지, 이 과정을 어떻게 슬기롭게 헤쳐 나가야 할지, 여기서 한 단계 더 성장하려면 어떤 노력이 필요하며, 학부모의 어떤 도움이 필요한지에 대해서 구체적으로 상담해야 하는 것이 중요하다.

학원에서 도저히 해결할 수 없거나 문제가 심각해질 우려가 있다면 학부모에게 협조를 반드시 요청해야 한다. 일단 상담이 먼저 이루어지면 이후에 진정한 슬럼프가 왔을 때 학부모는 선생님을 더 믿고 의지한다. 그리고 선생님과 힘을 합쳐서 아이가 한 단계 더 성장할 수 있도록 기꺼이 도와준다. 이런 경험을 함께한 학부모는 진심으로 선생님께 감사를 느끼고 학원의 충성고객이 된다. 아이가 힘들어 하는 모습을 놓치지 않고 진단해서 알리는 것, 이는 곧 학부모의 마음을 얻을 수 있는 기회가 되는 것이다.

말기 시의 상담

일정한 교육 기간을 마쳤거나 미술 교육이 적성에 맞지 않아 퇴원을 하는 경우가 종종 있다. 전자의 경우는 지도한 선생님이 진심 어린 마음으로 보았을 때 미술의 재능과 함께 미술 쪽으로 진로를 정할 수 있는지 살펴보아야 한다. 아이가 진심으로 미술을 즐기고 재능이 있다면 학부모에게 아이의 재능을 전한 뒤 미술 분야의 적성을 살릴 수 있도록 권유하고 이후로도 계속 성장시켜 나갈 수 있도록 도와야 한다. 하지만 미술이 아이의 적성에 맞지 않을 경우, 미술 교육의 장점만 설명하는 것보다 아이의 적성에 맞는 다른 교육기관을 찾을 수 있는 기회를 줘야 한다.

말기 상담은 퇴원으로 이어지거나 이미 퇴원을 결정하고 상담하는 경우가 많다. 가장 중요한 것은 퇴원하더라도 학원 문밖을 나가는 학부모가 우리 학원에 대한 감동과 감사의 마음을 가지고 기쁘게 돌아갈 수 있도록 해야 한다. 그리고 반드시 이런 마음을 표현하도록 이끌어야 한다. 얼마나 아이를 사랑하고 진정성을 가지고 교육했는지. 다소 부족한 부분이 있었다면 인정하고 퇴원 상담 시 그 부분에 대해서도 진심 어린 얘기를 허심탄회하게 나누도록 해야 한다. 이처럼 모든 사업에는 충성고객 10명을 확보하는 것보다 한 명의 적을 만들지 않는 것이 훨씬 더 유리하다는 사실을 기억해야 한다.

컴플레인 시의 상담

학원을 운영하다 보면 생각하지 못한 여러 가지 경우의 수가 생긴다. 사람과 사람이 만나서 하는 일이기에 수업 시간에 발생하는 크고 작은 문제부터 대인관계 문제, 차량 운행이나 안전 등 모든 일에 실수가 생길 수 있다. 이 경우 거의 모든 학부모는 우선적으로 학원의 입장이나 어쩔 수 없는 상황을 고려하기보다 자식을 먼저 생각하는 마음으로 불평한다.

이처럼 학부모의 불평은 피해갈 방법이 없다. 다만, 불평에 어떻게 대처하는가가 중요하다. 일단 무조건 인정하고 사과하는 것을 권한다. 왜냐하면 변명은 나중에 해도 늦지 않기 때문이다. 여러 선생님이 학부모의 불평이나 항의 전화에 긴장하며 변명 아닌 변명을 하기 바쁘다. 변명을 하기 전에 학부모가 무엇 때문에 화가 났는지 이해하고 먼저 사과를 하는 것이 옳다. 만약 억울한 상황이거나 혹은 진실이 아니거나 학부모가 오해해서 일어난 일이라도 우선은 사과하는 것이 좋다. 나중에 자초지종을 설명할 때를 기다려야 한다. 대개 일정 시간이 지나면 학부모는 진정하게 된다. 그때 전후 사정을 이야기하고 선생님으로서 책임을 느끼며 어려웠던 부분을 설명하도록 하자. 만일 학부모가 감정이 앞서 선을 넘었다면 오히려 선생님께 더 죄송해 하고 학원을 신뢰하게 될 것이다.

사람의 마음을 얻기란 쉽지 않다. 위기를 기회로 만드는 능력을 키운다면 학원

을 믿는 학부모는 많아질 것이다. 이런 학부모가 늘어날수록 학원이 번창하는 것은
자명한 사실이다.

부재 시 상담

1인 기업 형태로 운영되는 홈스쿨이나 교습소도 대부분 원장이 직접 수업에 참
여한다. 그런데 원장이 수업하는 동안 신입 상담을 하러 오는 경우가 종종 있다. 기
존 원생에게는 사전에 약속하지 않으면 상담이 어렵다는 것을 충분히 알려줄 수 있
겠지만, 신입 상담의 경우 수업 중에 아이들을 교실에 두고 상담하는 것도 좋지 않
고, 학부모를 되돌려 보내기도 모호한 상황이 발생한다. 이럴 경우 나는 수업을 우
선순위에 두고 이를 고집했다. 잠깐 몇 마디를 나누는 것도 아니고 상담을 하다 보
면 수업 시간을 전부 소모하게 될 수도 있기 때문이다. 상담을 잘 하고 돌아간 학부
모도 속으로는 '수업 안 하고 상담해도 되나? 그럼 애들은 누가 챙기지?'라는 의구
심을 품게 된다.

약속하지 않고 불시에 찾아오는 학부모에게는 원칙적으로 수업이 우선이므로
다른 날 상담을 해야 한다고 양해를 구하고 상담 일정을 잡아야 한다. 어렵게 찾아
온 학부모가 기분 나쁘게 생각하지 않도록 찾아와 준 것에 대한 감사의 마음을 꼭
전하고 수업을 가장 중요하게 생각한다는 학원의 방침을 알린 다음 준비해 둔 학원
홍보물을 전달한다.

학원 홍보물에는 학원의 교육 철학과 미술학원에서 아이가 받을 교육 커리큘럼
에 대한 내용이 적혀 있어야 하고, 다음 방문 시에 사용할 수 있는 신입 원생 무료
테스트 쿠폰을 넣는다. 상담을 하지 못해서 아쉬운 마음으로 돌아가는 학부모에게
작은 배려를 통해서 마음을 얻을 수 있다. 하지만 문 앞까지 나가 공손히 배웅 인사
하기 전에 꼭 기억해야 할 부분은 학부모의 연락처를 받아서 그가 잊기 전에 상담

약속을 먼저 잡아야 한다는 점이다.

전화 문의 시의 상담

학원에 대해 궁금한 점이 있거나 아이를 보내려고 할 때 기본적인 정보를 알고 싶어서, 혹은 몇 군데 학원을 조사한 후 등원을 결정하기 위해 학부모는 전화 문의를 한다. 전화 문의에서 학부모가 가장 많이 묻는 것은 대체로 두 가지인데, 수강료가 얼마인지, 수업 시간은 어떻게 되는지이다.

물론 교육 프로그램이나 아이에게 얼마나 전문적이고 좋은 교육을 해줄 수 있는지도 궁금하겠지만, 그것은 학원을 다니기로 결정했을 때 고려하는 점이고 전화로는 기본적으로 궁금하게 생각하는 몇 가지만 묻고 끊는 경우가 많다. 이때 전화를 받는 선생님은 절대로 상담원처럼 통화해서는 안 된다. 즉, 묻는 말에만 대답하고 전화를 끊으면 안 된다는 것이다. 수동적인 태도로 학부모가 궁금하게 생각하는 것을 알려주기만 하는 상담원식의 전화 통화는 굴러들어 온 호박을 발로 차는 것과 같다.

반대로 학부모가 물어보는 것에 대해 답변하며 동시에 학원의 장점을 어필하는 선생님도 있는데, 이런 모습도 역시 과한 홍보로 거부감을 가질 수 있으므로 효과적인 방법은 아니다. 가장 효과적이고 현명한 전화 상담은 학부모가 학원을 직접 찾아오도록 만들어서 입학 등록으로 연결시키는 것이다. 그렇게 하려면 먼저 학부모와 통화할 때 선생님이 먼저 질문하고 대답을 통해서 학부모가 원하는 것을 찾아낸 다음 공감하고 소통하는 형태로 상담해야 한다.

예를 들어, 수강료가 얼마냐는 질문을 했을 때 바로 수강료를 말하기보다는 아이가 몇 살인지, 어느 유치원 또는 학교를 다니는지 물어보고 거기에 따라 또 다른 질문을 하면서 자연스럽게 부모가 아이에 대해서 말할 기회를 주는 것이다. 그리고 학원에 대한 긍정적인 인식과 호기심을 충분히 심어 준 다음 학원을 방문해서 자세히 상담하고 결정하도록 유도하는 형태로 전화 상담을 진행한다면 등록으로 연결될 가능성이 훨씬 높아진다.

미술학원 성공 NOTE

상담 내용만 중요한 것이 아니다?

상담은 잘 하고 갔는데, 학부모로부터 부정적인 피드백이 돌아온다면 분명 문제가 있다. 다들 알다시피 학부모는 초능력자와 같다. 항상 학원에 오는 것은 아니지만 어쩌다 한번 학원에 오면 입구에서부터 초능력자로 변신하여 학원 구석구석을 스캔한다. 아이에게 쾌적하고 좋은 환경인지, 인체에 유해한 것은 없는지, 선생님은 어떤 태도로 아이를 대하고 있는지 등을 순식간에 탐색한다. 이 모두가 자식을 사랑하기 때문에 얻은 초능력이다.

여기서 중요한 것은 단 한 번의 모습으로 전체를 평가한다는 점이다. 한 번의 실수 때문에 학원 전체를 부정적으로 평가하지 않도록 항상 작은 것, 사소한 것부터 꼼꼼히 챙기는 습관을 들이도록 하자. 특히 위생, 안전과 관련해서는 아무리 강조해도 지나치지 않으니 각별한 주의를 기울이기 바란다.

Chapter 04

누구보다 빠르게, 남들과는 다르게!

앞서가는 수업, 차별화된 수업의 모든 것

명확한 콘셉트는
최고의 무기다

학원을 하나의 브랜드로 만들어라

교육의 목표는 아이들이 하게 될 다양한 경험을 간접적으로 체험하고 그 느낌을 소중하게 기억하도록 하는 데 있다. 교육의 목표를 학습적인 관점에서만 접근한다면 아이도, 학부모도, 가르치는 선생님도 더 중요한 것을 놓치게 된다. 단지 원하는 성과를 내고 금전적인 보상을 받는 관계가 아니라 '고객의 경험'을 함께 나누는 학원이 이상적이라고 생각한다. 단순히 학부모의 지갑을 열기보다 마음을 열겠다는 마음가짐으로 접근하고, 모든 일의 방향을 잡는 것이 가장 최선이다. 구체적인 학습 프로그램보다 더 중요한 것은 그 속에 담겨있는 '진심'이다. 이것이 학원 운영의 가장 근본이고 바탕이다.

바탕색을 칠했다면 다음은 좀 더 명확한 콘셉트를 잡아야 한다. 여우와 고슴도치의 싸움을 아는가? 여우는 우화에서 나오는 것처럼 꾀가 많고 똑똑하며 영리한 동물이다. 반면 고슴도치는 자기들끼리 싸우려 해도 가까이 가면 서로의 가시에 찔려서 싸우고 싶어도 싸울 수가 없다. 하지만 여우와 고슴도치가 싸웠을 때 승자는 꾀 많은 여우가 아니라 느리고 둔한 고슴도치다. 그 이유는 한 가지다. 여우는 다양한 싸움의 기술을 알고 있지만 고슴도치가 알고 있는 싸움의 기술은 오직 하나, 단 한 가지 기술만을 사용해서 싸운다. 고슴도치는 자기가 아는 유일한 싸움의 기술, 즉 고개를 숙여 머리를 파묻고 가만히 웅크리고 있는 것만으로도 여우를 이긴다.

이 우화는 무엇이든 다 잘하는 최고가 아니라 어떤 일에서, 어떤 분야에서 최고가 될 수 있는지, 무엇을 가장 잘할 수 있는지 찾아서 그에 맞게 콘셉트를 잡아야 한다는 점을 강조한다.

같은 값이면 다홍치마라 했던가? 같은 값이면 다홍치마가 아니라 최고급 신상 실크 다홍치마가 더 낫지 않을까? 먼저 콘셉트를 정하면 거기에 맞게 모든 것을 갖춰서 통일시켜야 한다. 그냥 편하고 친근한 학원인지, 실력 향상에 집중하는 학원인지 등의 콘셉트를 정했다면 인테리어나 수업 분위기, 코칭 방식, 학생과 학부모를 대하는 스타일도 콘셉트에 맞춰서 일관성 있는 이미지를 심어주어야 한다.

고객은 같은 값이면 더 예쁘고, 성능 좋고, 새로운 제품을 선택한다. 최근에는 고객의 요구가 점점 더 많아지고 구체적으로 바뀌는 추세이므로, 학원에서 실천할 수 있는 것을 최대한 준비해서 실천하되 능력 밖의 일을 시도해서 프로답지 못한 모습을 보여주지 않도록 해야 한다.

요즘 미술 학원들은 '창의 미술'을 비롯해서 요리 미술, 놀이 미술, 사고력 미술, 통합 미술, 1:1 개인지도 미술, 입시 미술 등 다양한 콘셉트를 가지고 있다. 학원을 경영한다면 다른 곳에서 배울 수 없는 차별화된 특징을 만들어야 한다. 학원을 하나의 브랜드로 만들라는 의미와도 일맥상통한다.

여러 가지를 가르치는 것보다 한 가지라도 확실히 가르친다는 인식을 심어주는 것이 장기적으로 유리하다. 예를 들어 학원의 콘셉트를 '신뢰감 있는 학원'으로 정했다면 '강력한 믿음, ☆☆미술!' 이런 식의 슬로건을 정해 놓고 모든 프로그램을 '신뢰'에 맞추는 것이다. 만일 '열정적인 수업'이 콘셉트라면 학원의 메인 컬러를 열정을 나타내는 '레드'로 선택하고 '재미와 즐거움'이 콘셉트라면 놀이방처럼 인테리어를 꾸며서 자유로운 수업방식을 강조할 수 있다.

미술 교육은 다양성으로 승부하는 분야지만 수강료를 받고 아이를 지도하는 교육기관이기 때문에 아이의 실력이나 학습 효과를 우선시하는 것이 바람직하다. 따라서 콘셉트를 정하는 것도 중요하지만 그에 맞게 수업의 질을 높이고 아이의 학습 효과를 향상시킨다는 목표를 잊어서는 안 된다.

고민 끝에 완성된 교육 프로그램

학원의 콘셉트를 정한 후에는 본격적으로 준비할 것이 많아진다. 미술학원 원장은 항상 교육 프로그램에 대해서 연구한다. 아이들이 무언가 특별하고 다양한 경험을 하게 해주면서 좀 더 창의적으로 수업을 하고 싶지만 실현하는 데 한계가 있고 아이디어는 부족하다. 또한 같은 주제와 재료를 가지고 수업을 해도 아이의 만족도, 학부모의 만족도가 다르고 선생님의 자질에 따라서도 수업 반응이 너무 다르게 나타나기 때문에 처음에 생각했던 것처럼 효과를 보기가 어렵다.

학원에서 교육 프로그램을 개발할 때 했던 고민 못지않게 어떤 방식으로 가르칠지 교수법에 관해서도 깊이 고민해야 한다. 아동미술 교육 프로그램을 만들고 효과적인 방식으로 수업을 하기 위해서 기본적으로 아동 발달에 대한 이해와 미술 교육의 단계를 파악해야 한다.

입시 미술은 대부분 표현력을 기르기 위해서 실기 위주로 수업이 진행되기 때문에 뛰어난 실력을 가진 선생님이 많다. 하지만 아동미술 교육을 전공하지 않은 선생님은 미술학원에서 필요한 아동심리학이나 교육학 분야의 지식이 부족한 것이 현실이다. 특히 미술 교육 분야에서 창업하는 초보 원장이라면 아이의 성향을 파악하고 이해도에 따라 수업 방식을 다르게 해서 관리 효과를 극대화하기 위해 아동학을 미리 공부해두는 것이 좋다. 만약 비용과 시간을 들여서 체계적인 교육을 받을 수 없다면 최소한 관련 서적을 여러 권 읽어서 지식을 갖춰야 한다. 원론적인 내용이라 딱딱하고 재미없지만 알아두면 나중에 엄청난 힘이 된다. 아이들을 가르치려면 게으름을 내려놓고 공부하는 자세를 꼭 가져야 한다.

이 책에서 아동학이나 교육학에 대한 원론적인 내용을 전부 다룰 수는 없지만 로웬펠드의 이론만큼은 알아두는 것이 좋다. 아동미술 교육 분야에서 가장 유명한 인물이 바로 미국의 빅터 로웬펠드 Victor Lowenfeld 다. 그는 교육학자로 허버트 리드, 프란츠 치젝 등과 함께 20세기 미술 교육에 대한 연구를 주도한 인물이다. 세 사람은 '세계 3대 예술교육학자'라고 일컬어진다. 로웬펠드는 〈인간을 위한 미술 교육〉이라는 저서에서 미술을 통한 인간교육의 중요성을 강조했다. 특히 아동미술 교육에 중점을 두고 이론과 실천을 겸비하여 체계화된 미술 교육을 하도록 고무시킴으로써 현대 미술 교육에 큰 업적을 남겼다. 로웬펠드는 아동의 창의적 표현의 발달을 단계적으로 나누고, 시기에 따른 선생님의 역할과 교육방법을 제시했다. 그는 미술을 통해 창의성을 키우고 사고를 확장할 수 있다고 믿었다. 아동기 창조과정 발달 단계와 아동기 미술표현 유형을 구분해서 각각의 특성과 시기에 맞는 교육을 해야 한다고 주장했다. 그가 정리한 아동기 창조과정 발달 단계와 아동기 미술 표현유형을 간단히 요약한 다음의 표를 참조하자.

로웬펠드식 아동기 창조과정 발달 단계

발달단계	나이	선생님의 역할·교육방법
난화기	2~4세	난화기는 아직 유아에 해당하는 아이들이 팔을 움직여서 그려낸 흔적을 창조과정으로 본다. 선, 색깔 모두 마음대로 고르고 특별한 상징 같은 건 없지만 시간이 지남에 따라 무질서한 난화기 → 조절하는 난화기 → 이름 붙이는 난화기로 발전하면서 색이나 형태 등을 인지하는 대로 표현하는 단계이다.
전도식기	4~7세	전도식기에는 많은 발전을 볼 수 있다. 이 시기에 비로소 형태를 인지하게 되고, 제법 사실적으로 그리기 시작한다. 하지만 아직까지 자기 주관이 강하고 색이나 형태를 마음대로 선택하는 경향이 짙다. 주로 2차원적인 그림을 그리며 나무, 인물, 해, 산 등을 많이 그린다. 모든 것이 자기중심적인 특징도 있다.
도식기	7~9세	도식기는 말 그대로 도식적으로 그리기 시작하는 단계다. 집은 무조건 정해진 집 모양으로 그린다든지 사람은 무조건 '졸라맨'처럼 그리는 식이다. 아동의 두뇌발달 중에서 개념화, 일반화가 진행된다는 의미이다. 인물을 그릴 때 땅을 표현하기 위해 바닥을 나타내는 선을 그리거나 중요한 부분을 더 크게 강조해서 그리는 경향이 나타난다.
또래집단기	9~11세	또래집단기는 사회성을 접하는 시기이다. 주관적이었던 표현에서 벗어나 객관적인 인식과 표현을 하기 시작한다. 도식적인 특징과 사실적인 특징이 동시에 나타나며 율동적이고 장식적인 경향이 나타나기도 한다. 가려진 부분을 생략하는 '중첩'의 개념을 이해하고 위, 아래, 좌우 등 시각변화에 따라 다르게 표현한다.
의사실기	11~13세	의사실기가 되면 앞에서 말한 표현 유형이 구분되기 시작한다. 아이가 촉각형, 시각형, 중간형 중 어느 형태에 해당하는지 선생님이 관찰하고 파악해야 하는 시기다. 예를 들어, 시각형 아이는 주위 환경을 주로 그리거나 실물과 거의 일치하는 색을 주로 사용하지만 촉각형(비시각형) 아이는 감정을 표현하고 자기가 좋아하는 색을 사용할 때가 많다. 일반적으로 촉각형 아이들은 만들기나 기능적인 부분에 더 관심을 갖는다. 이 시기에 아이들은 보는 만큼, 인식하는 만큼 표현할 수 없어서 좌절하기도 한다. 선생님의 관심어린 지도가 필요한 시기다.
결정기	13~17세	결정기에는 창의력이 가장 왕성해지며 주관적인 표현 방식이 결정된다. 즉, 자신의 개성을 발견하고, 의사에 따라 대상을 선택하고 표현하는 완성된 형태가 나타난다. 이 시기에는 심미안과 관찰력이 향상되며 비판적인 안목이 생겨나기도 한다. 표현 유형이 더욱 뚜렷해지는 시기인 만큼 선생님은 아이의 예술적 성향을 더욱 관심 있게 지켜보고 코칭해 주어야 한다.

미술 교육 프로그램을 만들 때는 기본적인 이론이 확립된 후에 단계별로 목표를 분명히 설정하고 교육 내용을 체계적으로 정리하는 것이 좋다. 아무리 좋은 프로그램이라도 개인적인 차이가 많은 미술 교육에서 '절대적인 진리'는 없다. 새로운 교육 프로그램을 계속 연구하고 실험하면서 가르치는 방식을 발전시켜야 한다는 점을 명심하자.

로웬펠드식 아동기 미술표현 유형

아동기 미술표현의 유형은 크게 촉각형, 시각형, 중간형으로 분류된다. 시각형은 대상의 객관적 인식, 표현에 중점을 두고 외관과 비례, 명암, 배경, 원근을 중시한다. 촉각형은 대상보다 자신의 감정, 느낌을 표현하는 데 중점을 두고 내면 정서의 표현, 색채나 공간 표현에서 주관적인 양상을 보인다. 중간형은 시각형과 촉각형 중간에 위치하는 형태다. 보통 아동기 미술표현 유형은 환경을 사실로 받아들이기 시작하는 의사실기에 나타나고 결정기에 가서 자신만의 유형을 확립한다.

아이 성향에 따른 지도 방법

내성적이고 소심한 아이

내성적이고 소심한 아이는 낯을 심하게 가리고 자기표현을 제대로 하지 않는다. 그렇기 때문에 선생님 입장에서는 어떤 방식으로 가르쳐야 할지 몰라서 어려움을 느낀다. 이런 성향의 아이는 먼저 세심하게 관찰하고 선생님의 다정한 피드백으로 정서적인 안정감을 주면서 신뢰를 쌓아야 마음의 문을 연다.

미술적인 부분에서 내성적인 아이는 전체적인 표현보다 부분 위주로 표현하고 섬세하며 밀도 높은 표현을 하는 경우가 많다. 드로잉이나 조형작업을 할 때 속도가 매우 느리고 공간의 활용도 한쪽 부분이나 모서리 위주로 만드는 성향을 보인다. 이런 유형의 아이는 충분한 인내심을 가지고 작은 것 하나에도 관심과 애정을 표현하고 칭찬해 주어야 아이가 자신감을 가지고 수업에 임하면서 적극적인 모습을 보인다. 항상 결과보다는 과정이 중요하고 실력보다 소통과 공감이 중요하다는 것을 잊지 말아야 한다.

공격적이고 과감한 아이

공격적이고 과감한 아이는 자신감이 넘친다. 때로는 지나칠 정도로 산만하지만 대범하기도 하다. 이런 성향의 아이는 교육할 때 무조건 억압하거나 훈육한다면 오히려 더 반감을 갖는다. 공격성이 강하기 때문에 가급적 자극하지 말고 먼저 아이의 태도를 관찰하면서 관심사를 찾아 실타래를 풀듯 관계를 풀어나가야 한다. 수업 시간에 집중도를 높이려면 선생님이 규칙을 만들지 말고, 아이 스스로 규칙을 만들어서 함께 지켜나갈 수 있도록 하는 것이 좋다.

대범한 아이들은 도화지를 전체적으로 사용하고 필압도 강하다. 큰 종이를 주어도 작게 느끼고 10분이면 드로잉을 끝내는 아이도 많다. 그리는 속도에 집중하지 않도록 하고 주제에 이야기를 부여해서 작업 과정을 세분화하고 작은 부분에서 흥미를 느낄 수 있도록 지도해야 한다.

🎨 유채꽃밭 풍경

드로잉+기법 F

존중, 다양성, 경험, 융합, 표현, 인성, 창조 세상의 진정한 리더를 만드는 필아트 미술교육

유치부 **초등고 초등저**

목 표
인체를 비례와 동세에 맞추어 그려보며 상황과 어울리는 그림을 그려봅니다. 부풀어 오르는 펜을 사용해 그림에 효과를 표현해 봅니다.

재 료
팝콘펜, 드라이기, 채색 도구

준 비
-팝콘펜은 네이버에서 구입해주세요.
-다양한 상황으로 그려지도록 지도해주세요.
-유채꽃밭 상황이 아닌 불꽃, 벚꽃 날리는 풍경 등을 주제로 그려주어도 재미있어요.

수업 구성

 ❶인사.수업소개 > ❷생각열기 > ❸생각나누기 > ❹정리및 작품감상 > ❺차시예고

인사.수업소개

안녕~ 필아트 친구들~
새 학기가 시작되는 3월이에요~학교생활에 적응은 잘하고 있나요? 3월이 되면서 봄이 우리 곁으로 성큼 다가온 것 같아요~ 바람도 따뜻하게 불고 길가에는 작은 꽃들도 피고 또 겨울잠 자던 개구리가 깨어난다는 경칩도 지났답니다~ 봄이 되면 여러 꽃들이 많이 피는데요~ 제주도에 가면 2월 부터는 노랗게 핀 유채꽃밭을 볼 수 있고 가을에는 핑크 뮬리 밭도 볼 수 있다고했요~ 우리나라 곳곳에 여러 아름다운 꽃밭이 많이 있다고 하네요~ 우리 친구들은 어떤 꽃밭에 가보았나요? 추억을 떠올리며 그림을 그려보고 신기하게 부풀어 오르는 팝콘펜을 사용해보도록 해요~ 수업을 시작해볼까요?

생각열기

1 수업 시작하기 전 수업 재료와 방법에 대해서 5분 정도 설명해주고 샘플 작품을 보여주세요.

2 예시 작품을 보여주시면서 아이들의 흥미를 유도해주세요.

3 꽃밭이나 가족과 함께 다녀온 여행지에 대해 이야기해보세요.

4 펜을 사용하는 방법과 표현 방법에 대해 이야기 나누어 보세요.

5 수업 후에 그림 사진이나 친구들의 감상을 동영상으로 촬영 후 문자로 보내주세요!

생각나누기

1 팝콘펜은 어떤 효과를 표현하는 펜인가요?

2 인체를 잘 그리기 위한 방법은 무엇이 있나요?

3 꽃밭에 가본 적이나 가족끼리 여행 가본 곳이 있나요?

〈유채꽃밭 풍경 프로그램 예시〉

재료 준비

1 재료를 준비해줍니다.

-네이버에 팝콘펜이라고 검색한 후 구매해주세요.
-드라이기는 조금 센 것으로 사용해야 펜이 잘 부풀어 올라요.
-다양한 채색 도구를 사용해 채색해주세요.

작품활동 및 표현

2 꽃밭에서 있었던 경험을 떠올리며 스케치해줍니다.

-사람들의 동세와 비례, 표정, 원근감이 잘 표현되도록 지도해주세요.

3 밝은 곳과 앞에 있는 것, 주인공이 되는 것부터 채색해줍니다.

4 어둠을 잡아가며 명암 표현을 해줍니다.

www.feelartedu.com

162

⑤ 배경과 꽃밭은 물감으로 채색해줍니다.

⑥ 팝콘펜을 준비해줍니다.

⑦ 팝콘펜으로 꽃을 그려줍니다.

-옷이나 손에 묻지 않도록 신경써 주세요.

⑧ 드라이기를 준비하고 옆으로 뉘어서 5분정도 열을 가해줍니다.

-전체적으로 열이 골고루 퍼지도록 해주세요.

⑨ 올록볼록 부풀어 오른 유채꽃밭이 완성!

수업을 정리하고 마무리하는 시간을 갖습니다.

자! 모두 완성했으면 주변을 정리하고 예쁜 마음으로 내 작품과 친구 작품에 대해 이야기해볼까요?
서로의 작품을 감상해보며 재치 있는 표현을 격려해주고 똑같은 주제로도 매우 다양한 표현이 될 수 있음을 알려줍니다.

초등저

www.feelartedu.com

안녕하세요~ 어머님~ 필아트예요~

오늘은 열을 가하면 부풀어 오르는 신기한 펜을 사용해보았어요~ 저번 달에 다녀온 여행 중 기억에 남는 장면을 그려보고 팝콘펜으로 그림을 그려 드라이기 바람을 가해주었더니 그림이 신기하게 부풀어 올랐답니다~ 그려준 꽃들이 뽀송하게 부풀어 오르는 모습을 보고 어찌나 신기해하던지요~ 하나씩 계속 추가해 그리다 보니 어느새 뽀송한 꽃밭이 완성되었답니다~재밌게 수업해준 우리—이 덕에 더욱 즐거운 수업이었던 것 같아요~~ 우리—이를 위해 다음 시간도 알차게 준비하도록 하겠습니다~ 오늘 하루도 즐겁게 마무리하시길 바랍니다~~

안녕하세요~ 어머니~ 필아트입니다.

우리 —이는 잘 들어갔나요? 오늘은 꽃밭에서 있었던 추억을 떠올려보는 시간이었어요~ 우리 — 이는 지난 가을 핑크 뮬리 꽃밭에 다녀온 이야기를 해주었답니다~ 화려하진 않지만 은은한 핑크색 핑크 뮬리가 엄청 예뻤다고 하네요~ 가족들과 같이 사진도 찍었다며 익살스럽게 웃는 표정과 포즈까지도 스케치해주었답니다~ 언제 이렇게 사람 그리는 실력이 늘었는지 깜짝 놀랐네요~ 스케치 사진 함께 보내드려요~ 칭찬부탁드려요~ 다음 시간에는 열을 가하면 부풀어 오르는 팝콘펜을 사용해서 재밌게 채색해보려고 합니다~ 우리—이 꼭 보내주시고 맛난 저녁도 해주세요~

겁이 많은 아이

겁이 많은 아이는 기질이 예민하기 때문에 사소한 일에도 잘 놀라고, 자기가 해야 할 일을 스스로 하지 못해서 엄마에게 도움을 청하는 경우가 많다. 엄마가 곁에 없으면 불안해하고, 특히 유아들은 그 정도가 심할 수도 있는데 이때는 선생님과 최대한 빨리 애착 관계를 형성하는 것이 중요하다. 새로운 것에 대한 호기심보다 거부감이 강해서 싫어하는 것을 억지로 시키면 지도하는 데 큰 어려움을 겪을 수 있다. 아이의 옷차림이나 습관 등 사소한 부분부터 일상생활이나 수업 태도 등에서 좋은 부분을 칭찬하면서 아이가 긍정적이고 유연한 사고를 하도록 만들어야 한다. 그리고 작업할 때는 마음이 동할 때까지 충분히 관찰하고 재미를 느낄 수 있도록 유도하여 아이가 스스로 수업에 참여하도록 이끌어 주는 역할을 해야 한다.

활동적인 에너지가 많은 아이

활동적인 에너지가 많은 아이, 즉 외향적인 아이는 성격이 밝고 긍정적이지만 지나치면 산만해지기 쉽다. 또한 돌발 행동이나 위험한 행동을 서슴지 않고 할 때도 있다. 호기심이 많아서 집중력이 흐트러지기도 한다. 이런 아이는 반드시 규칙을 정해서 지킬 수 있도록 하고 경쟁하는 분위기를 만들어서 몰입할 수 있도록 유도하는 것이 좋다. 친구들과 함께 소통하는 것을 좋아하기 때문에 감상하고 평가하는 방식과 스토리텔링 수업에 집중한다.

호기심이 많은 아이

호기심이 많은 아이는 미술학원에서 제일 많이 칭찬 받을 수 있는 가능성이 있다. 하지만 대체로 이런 아이의 경우 자신이 흥미를 느끼는 수업에는 집중하지만 같은 작업이 반복되면 금방 지루함을 느끼고 싫증을 내는 경우가 많다. 시켜서 하는 일에는 소극적인 반면, 자신이 선택한 활동에는 대단한 집중력을 보인다. 수업 내용에 따라서 아이의 수업 태도가 달라진다. 관심 있는 수업에는 끊임없이 질문을 하지만 관심이 없는 수업에는 전혀 집중하지 않는다. 이런 경우에는 수업의 주제 또는 소재, 재료 등 어느 한 가지라도 아이가 호기심을 느끼도록 선생님이 유도해야 한다.

같은 그림만 계속해서 그리는 아이

같은 그림만 계속해서 그리는 아이도 있다. 보통 아들을 키우는 어머니들이 이런 고민을 토로하곤 한다. 쉬운 예로 '졸라맨'만 그리는 아이가 있다면 학부모는 아이에게 다른 형태로 그림을 그리도록 권유한다. 그런데도 아이가 계속 졸라맨만 그리면 미술학원에 찾아온다. 이런 아이를 지도하는 가장 좋은 방법은 아이가 졸라맨을 그리는 것을 존중하고 인정하는 것이다. 대신 졸라맨으로 시작해서 졸라맨의 다양한 동작이나 졸라맨의 친구들, 졸라맨의 스토리, 졸라맨이 있는 공간 등으로 소재를 확장하면서 아이가 즐기면서 표현할 수 있도록 해보자. 졸라맨으로 시작한 아이의 관심사는 더 넓은 영역으로 뻗어나갈 것이다.

늘 예쁜 것만 그리는 아이

늘 예쁜 것만 그리는 아이는 어떻게 지도해야 할까? 7세에서 초등학교 2학년의 여자 아이들이 좋아하는 그림의 주제는 공주 또는 예쁜 소녀. 늘 같은 패턴으로 도식화하거나 개념화해서 표현하는 경우가 많다. 과정보다 결과를 중요하게 생각하기 때문에 다양한 시도보다는 늘 같은 방법으로 표현하면서 잘 그린 그림 한 장을 완성하려고 애쓴다. 학부모는 이런 아이의 그림을 보면서 단정하고 깔끔하게 채색해서 예쁘게 완성한 작품에 높은 점수를 주는 경우가 많지만, 미술선생님 입장에서 작가적인 부분으로 보면 다양한 시도와 표현방법, 창의적인 부분을 낮게 평가할 수 있다. 단지 예쁜 그림만 그리지 말고 다양한 표현기법과 자신만의 색을 표현하도록 지도해야 한다.

상상력이 풍부한 예술가형 아이

상상력이 풍부한 예술가형 아이는 칭찬을 많이 하고 공감해 주면 더욱 실력 발휘를 한다. 때로는 4차원이라는 얘기를 듣거나 고집이 센 아이도 많다. 나이는 어리지만 자기만의 세계관이 뚜렷하기 때문이다. 예술가형 아이는 자기중심적으로 사고하기 때문에 자신의 스타일과 고집을 앞세우며 자신의 뜻대로만 하려고 한다는 단점이 있다. 이런 아이는 선생님이 강압적으로 제압하거나 선생님의 스타일을 강요하기보다 다양한 것을 눈으로 보거나 체험하도록 해서 스스로 마음의 변화가 일어나게 도와야 한다. 그래야 선생님의 의견을 존중하면서 생각이나 의견을 표현하고 열린 마음으로 수업에 참여한다.

미술학원 성공 NOTE

- 학원을 하나의 브랜드로 만들려면 명확한 콘셉트를 가져야 한다.
- 교육 프로그램과 교수법을 연구하는 일은 절대 게을리 하지 말자.
- 효과적인 수업을 위해 아동발달에 대한 이해와 미술 교육의 단계를 숙지하도록 하자.
- 다양한 아이들의 성향을 파악하고 그에 맞게 교육하자.

가장 좋은 수업이란
무엇일까?

학생이 좋아하는 수업이 가장 좋은 수업이다

원장이나 강사들의 공통된 걱정거리는 바로 수업에 활용할 새로운 미술 교육 프로그램이나 교수법에 대한 것이다. 하지만 미술 교육 프로그램과 교수법의 이면에는 정작 수업을 받을 대상, 즉 학생에게 포커스를 맞추기 보다 선생님의 입장에서 좋아 보이고 실행하기 수월한 형태로 수업을 계획 하는 게 아닌가 하는 생각이 들기도 한다.

내가 생각하는 '좋은 수업'은 이렇다. 아이들이 즐겁게 참여할 수 있는 수업, 다양한 재료를 다루며 개성을 표출할 수 있는 수업, 교육의 1차적인 목표인 실력이 향상되는 수업이다. 다른 수업은 몰라도 미술 시간만큼은 아이들이 즐거워야 한다. 학업 스트레스를 해소하는 용도로 미술학원을 보 내는 학부모도 있다. 아이들이 얼마나 많은 학업 스트레스를 받는지 학부 모도 알고 있다는 것을 반증한다.

즐겁고 유익한 미술 수업이 되려면 연령에 따라 수업의 포커스를 다르게 해야 한다. 유치부는 재미, 경험, 창의력에 집중하고 초등 저학년은 창의, 표현, 감각에 집중하는 것이 바람직하다. 초등 고학년은 표현, 실력, 창의력을 표출하는 방법을 중심 키워드로 잡고 재미와 실력을 동시에 충족시키는 수업 프로그램을 고안해야 한다.

여기까지는 많은 선생님이 고개를 끄덕일 것이다. 하지만 내가 생각하는 최상의 수업은 학생에게 즐거움과 실력을 높여주고 그 감동과 실력이 고스란히 학부모에게 전해져서 학부모 스스로 학원의 팬이 되도록 만드는 수업이다. 학원의 팬이 되면 억지로 애쓰지 않아도 자연스럽게 마케팅으로 연결된다. 중요한 건 홍보나 마케팅이 아니라 양질의 수업이라는 점을 명심해야 한다.

수업만 확실히 해도 학원은 반 이상, 아니 80% 이상 성공할 수 있다. 하지만 기복 없이 꾸준하게 양질의 수업을 진행하려면 엄청난 연구와 준비가 뒤따라야 한다. 어느 정도 성장한 후에 성장이 멈춰서 정체기에 들어서면 급격하게 하락세로 돌아설 수 있다는 점을 기억하고 항상 새로운 교육정보, 교수안, 수업소재 개발과 연구 등에 충분한 시간을 할애해야 한다.

감성을 쓰다듬는 수업이 필요하다

하지만 주의해야 할 것이 있다. 눈에 보이는 교수법이나 정보수집, 수업연구 등의 교육 프로그램에 치우치다 보면 정작 가장 중요한 아이들을 놓칠 수 있다. 아이들을 확실히 품에 안으려면 열심히 수업하고 하나하나 애정을 가지고 보살펴주는 정도로는 부족하다.

요즘 세상에는 전문가들이 차고 넘친다. 특히 교육전문가라 불리는 사람들이 허다하다. 체계적인 연구와 학습과정을 거쳐서 독특한 교육 프로그램을 만들고 실행하는 전문가가 매우 많다. 하지만 미술 교육 분야에서 전문가라고 할 수 있는 미술학원 선생님은 미술적인 스킬을 제외하고 어떤 부분에서 전문적인 공부와 노력을 기울이는지 자문이 필요한 시점이다.

바쁜 현대인들은 팍팍한 살림에 맞벌이를 하다 보면 자녀에 대해 신경 쓸 수 있는 시간이 줄어들 수밖에 없다. 맞벌이를 하지 않더라도 요즘 어머니들은 자녀를 위해 모든 시간을 온전히 희생하기보다 자신의 여가 활동이나 취미생활, 대인관계 등을 위해 많은 시간을 할애한다. 학부모의 부재를 채워주는 것이 사교육 기관에서 해야 하는 역할인데, 이런 상황에서 아이와 부모 모두를 만족시킬 수 있는 것이 바로 감성을 쓰다듬는 수업이다. 아이와 접촉하는 시간 동안 아이의 마음 상태를 충분히 관찰해서 부족한 부분을 채워주고 어루만져 주는 것이야말로 미술 교육자가 갖추어야 하는 중요한 능력이다.

'심리미술'이 한때 크게 유행했다. 지금도 많은 아동 미술학원에서 내세우는 모토이기도 하다. 미술로 심리를 분석하고 파악하며 심지어 치료까지 한다는 것은 이론적으로는 가능할지 몰라도 실제로는 무리가 있다. 불가능한 일은 아니지만 심리와 미술을 제대로 접목한 소수의 전문가가 아닌 이상 미술학원에서 그런 일은 한다는 것은 위험한 발상이다. 심리학자나 정신과 의사들조차도 심리 치료에 대해서는 조심스러운 편이다. 알맹이는 없고 수식만 거창한 '미술 심리치료' 같은 표현보다 단지 그림을 통해 아이를 이해하고 감성을 어루만져주는 정도가 미술학원에서 할 수 있는 최선의 역할이다. 아동심리나 미술심리에 대해서 설명한 좋은 책을 읽어보거나 전문가들의 칼럼, EBS 방송 등을 보는 것도 상당히 도움이 된다. 누누이 말하지만 다 아는 것처럼 보여도 책이나 전문적인 매체를 통해서 깊이 있게 공부하는 것과 그렇게 하지 않는 것은 완전히 다른 결과를 가져온다.

필아트는 미술심리치료 대신 검증된 '홀랜드 검사'를 적용한 '필아트 아이성향 검사 & 부모성향 검사'를 통해 학생과 학부모를 진단해 주고 있다. 아이와 부모의 성향을 분석해주고 그에 맞게 지도와 상담을 진행하면 수업의 효과나 전달력도 훨씬 극대화할 수 있다. 6가지 홀랜드 유형을 적용해 아이의 성격적 특징과 진로 적성 확인이 가능하고 아이를 더 깊이 이해하고 양육하는 데 참고자료로 역할을 톡톡히 한다. 마찬가지로 부모의 성향 검사 역시 양육태도와 문제점 개선에 도움이 되고 있다.

새롭게 활용하고 도입할 수 있는 아이템은 도처에 널려있다. 이를 잘 선별하고 적용하려면 시대를 보는 안목과 분별력이 필요한데, 이 능력은 꾸준한 연구와 학습을 통해 키울 수 있다. 항상 공부하고 실천하는 교육 전문가들만 살아남는 시대라는 것을 잊지 말자.

● 필아트 아이성향검사 결과

● 필아트 학부모성향 검사 결과

1 유형 E형 - 기업형

아동성향	
미술관련 작업	
학습태도	

2 유형 R형 - 실제형

아동성향	
미술관련 작업	
학습태도	

1. 유형 E형 - 기업형

부모성향	
자녀양육시 노력할 점	

2. 유형 I형 - 탐구형

부모성향	
자녀양육시 노력할 점	

홀랜드 육각형

유형별 긍정 답변 비율	
R 실재형	60%
I 탐구형	40%
A 예술형	40%
S 사회성	60%
E 기업형	70%
C 관습형	50%

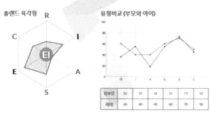

유형비교 (부모와 아이)

학부모	30	55	15	55	73	45
자녀	60	40	40	60	70	50

미술학원 성공 NOTE

- 기본적으로 아이가 좋아하는 수업이 가장 좋은 수업이다.

- 연령에 따라 차별화된 목표를 가지고 지도해야 한다.

- 아이가 느끼는 즐거움과 성취감이 학부모에게 전달되도록 만들자.

- 아이의 마음 상태를 관찰하면서 감성을 쓰다듬는 수업을 하자.

실력도 창의력도
포기할 수 없다

실력과 창의, 두 마리 토끼를 잡아라

아동미술의 가장 큰 화두는 '창의력'이다. 요즘은 규모가 작은 홈스쿨부터 대형 미술학원까지 '창의'라는 단어를 사용하지 않는 곳은 없다. 실제로 창의력은 아동미술 교육의 핵심 키워드가 맞다. 미래 사회 인재에게 가장 많이 요구되는 특성이기도 하다. 그렇기에 많은 원장과 선생님들은 창의력에 중심을 둔 미술과 수상·입시로 대표되는 교과미술 사이에서 고민한다. 아이를 위해서는 창조적 능력과 함께 표현력을 높여야 하는데, 미술학원에 보내는 학부모 입장에서는 학교에서 배우는 교과미술을 잘해서 상을 받기를 원한다. 그래서 창의력과 교과미술의 갈림길에서 어떤 입장을 취해야할지 몰라 고민하는 경우가 많다.

사교육비를 들여서 미술학원에 보낸 만큼 눈에 보이는 성과를 기대하는 것은 당연하다. 부모가 미술의 '미'자도 모르면서 막무가내로 요구한다고 답답하게 생각해서는 안 된다. 미술 교육의 실제 효과와 부모의 바람을 적절히 충족시키는 대안을 찾아야 한다. 교육 프로그램을 어떻게 만들고 배열하느냐에 따라서 창의력과 교과미술, 두 마리의 토끼를 모두 잡을 수 있다.

필아트에서 교육 프로그램을 만드는 과정은 이렇다. 학원의 교육철학에 맞는 콘셉트를 정하고 창의적인 프로그램에 기초하여 교수안을 만든 다음 교육 정책을 수립하는 기관, 교육청, 학교에서 기본적으로 시행하는 대회들을 확인한 다음 교육 프로그램에 포함시켜서 진행한다.

눈에 보이는 성과의 대표적인 예는 그리기 실력이다. 그리기 실력을 향상시키는 것은 모든 미술학원의 공통 목표다. 드로잉 수업을 좀 더 효과적으로 진행하여 학교에서 배우는 교과미술 실력 향상과 미술의 기본기를 다지는 일석이조의 효과를 볼 수 있다.

어려운 것은 두 마리 토끼를 잡는 프로그램을 만드는 것이 아니라 그 프로그램을 진행하는 과정에서 아이가 즐거움을 느끼고 주도적으로 작업하면서 성취감을 맛볼 수 있도록 유도하는 것이다. 원생, 학부모와 꾸준히 진심 어린 소통을 하면서 원생이 원하는 것, 부모가 원하는 것을 얻을 수 있도록 도와주어야 한다.

억지로 가르치지 말아라

미술 교육에서는 아이의 주도적인 성향을 발달시켜서 좋은 결과를 낳는 사례가 많다. 지나치다 싶을 정도로 혼자서 모든 것을 다 하려고 하고 누군가의 간섭이나 도움을 극도로 꺼리는 아이를 유별나다고 치부하거나 억지로 가르치려 하지 말고 스스로 결과물을 만들 수 있게 배려하는 것이 미술 교육자가 해야 할 일이다.

미술 교육으로 창의성을 살리려면 프로그램을 잘 준비하고 계획하되 수업 방식에서 차별화를 나타내는 것이 좋다. 교육 프로그램에서 설계한 대로 수업을 진행하지만 그 방식은 아이들 성향에 따라 다르게 적용하라는 뜻이다. 예를 들어 산만하고 집중을 못 해서 수업에 따라 오지 못하는 아이가 있다면 아이가 집중할 수 있는 주제나 재료 또는 대상을 정해서 그것을 모티브로 수업을 진행하는 것이다. 산만한 아이들은 대체로 호기심이 많다. 선생님은 평소에 아이가 어떤 분야, 어떤 것에 호기심을 보이는지 관찰을 통해 파악해야 한다. 아이들의 성향을 파악하는 것이 선생님의 역할이지만 그것이 쉬운 선생님이 있는 반면 눈에 잘 보이지 않아서 답답한 선생님도 분명 있을 것이다.

아이들을 세심하게 관찰하면 아이들의 특성과 성향이 눈에 보인다. 눈으로만 쳐다보는 것이 아니라 무엇을 좋아하고 싫어하는지, 어떤 수업을 할 때 적극적이고 어떤 수업을 기피하는지 친구들과의 대화나 놀이 모습에서도 여러 가지 성향을 찾아낼 수 있다. 눈을 맞추며 나누는 대화를 통해서 아이의 마음 상태나 원하는 것을 파악할 수도 있다. 지도하는 원생이 많을 경우 원생별로 취향을 관찰하면서 노트에 적어두고 정리하는 것이 좋다. 주의할 점은 절대 단정적으로 결론짓지는 말라는 것이다.

아이의 취향은 말 그대로 아이가 가진 여러 가지 성향의 한 부분이다. 아이의 한두 가지 특징에만 맞춰서 지도하기보다 특징을 더 발달시키고 단점을 개선해야 한다. 아이는 자기를 잘 알아주는 선생님에게 편안함을 느끼고 수업에 대한 호응이나 순종하는 태도도 저절로 생겨난다.

이런 태도는 고스란히 부모에게 이어진다. 학원에 다니면서 성향이 바뀐 아이를 보면서 부모는 믿고 맡길 수 있는 학원, 부모보다 아이를 더 잘 아는 선생님을 신뢰하게 된다. 이런 식으로 아이들의 성향을 파악하고 아이들이 상상하는 세계를 존중하면서 수업을 하면 따로 값비싼 프로그램을 구입해 쓰지 않아도 아이들은 창의력에 날개를 단다.

아이들의 창의력을 방해하는 것은 어른들이 만들어 놓은 교육의 잣대와 틀에 박힌 수업, 결과만을 중시하는 교육 풍토 때문이라는 점을 기억하고, 미술 수업에서는 아이들의 작품을 최대한 존중하고 스스로 아이가 주도할 수 있도록 배려하자.

하지만 이쯤에서 한 가지 딜레마에 봉착한다. 비싼 비용을 들여서 기껏 미술학원에 보냈더니 작품이라고는 죄다 낙서 같은 것들뿐이고 실력도 별반 나아지지 않는다? 학교나 교육청 등에서 주최하는 미술대회에 나갔는데, 상은커녕 시간 내에 완성도 못하고 그림도 엉망인 것 같다? 이런 생각이 드는 순간 부모는 미술학원에 보내는 시간과 비용을 아까워한다. 그러면서 퇴원을 고려하는 경우도 생긴다. 상담의 진가는 이럴 때 발휘된다. 아이의 성향이나 지금의 단계를 냉정하게 진단해 주면서 지금 아이에게 더 필요하고 도움이 되는 교육이 어떤 것인지를 충분히 설명해야 한다. 거기에 더해 아이의 창의성을 존중하면서 실력까지 향상시키는 수업이 어떤 것인지 고민하여 점차 향상되는 모습이 보일 수 있도록 지도해야 한다.

미술학원 성공 NOTE

- 기본 창의력을 키우는 프로그램을 갖추고 그 안에 대회나 교과미술을 포함시키자.
- 아이의 주도적인 성향을 억제하기보다 발달시켜서 긍정적으로 활용하자.
- 아이들을 세심하게 관찰하면 특성과 성향이 보인다.
- 결과에 치중하지 말고 아이의 작품을 존중하면서 상상력을 키워주어야 한다.

나는 수업을 시작할
준비가 되어 있는가?

공부하는 원장만이 살아남는다

1인 기업의 장점을 아는가? 바로 내 마음대로 할 수 있다는 점이다. 그렇다면 단점은 무엇일까? 모든 것을 내가 다 해야 한다는 것이다. 아이디어 구상부터 재료 구입, 수업 연구, 수업 준비, 수업 진행, 관리, 상담, 재무회계, 마케팅과 홍보 등 많은 일을 혼자서 하다 보면 분명히 잘 되지 않는 일들이 생겨날 것이다. 학원을 운영하는 데 모두 필요한 일이지만 그중에서도 특히 신경 써야 할 것은 바로 수업과 관련된 부분이다.

1인 기업 형태로 운영하는 미술학원은 보통 원장 혼자의 힘으로 모든 일을 처리해야 한다. 이점을 유용하게 활용하고 잘 처리한다면 즐겁게 일할 수 있지만, 모르는 부분은 관리에 소홀해지기 쉽고 해야 할 업무를 하나 둘씩 미루거나 나태해지는 수가 있다. 이렇게 되면 학원의 성장은커녕 문을 닫는 일은 시간 문제이다.

홈스쿨을 운영하더라도 100명의 아이들을 가르치는 것처럼 준비하고 계획해야 한다. 미술을 전공한 선생님이라도 창의적인 미술 교육을 위해서는 준비해야 할 것이 많다. 지금의 30~40대 선생님들이 학교에서 배운 미술 교육과는 완전히 차원이 다른 새로운 형태의 수업들이 생겨났고 무수히 많은 교육 콘텐츠가 계속해서 쏟아져 나온다.

진정한 프로라면 자기가 알고 있는 익숙한 것들을 그대로 답습하는 교육이 아니라 끊임없이 공부해서 새로운 것을 찾고 적용하는 자세를 가져야 한다. 교육 프로그램에 대해서 충분히 연구하고 계획을 세웠다면 최소한의 임상 실험이 필요하다. 조형 작품의 경우 선생님이 먼저 만들고 표현하면서 작업 시간과 필요한 재료, 수업의 즐거움과 교육적 성과까지 면밀히 검토하고 부족한 점은 보완해야 한다. 어떤 방법으로 수업을 전개하며 동기 부여는 어떻게 해야 하는지, 수업에 관련된 자료는 무엇이 있는지 등을 미리 살펴야 한다.

수업의 성패는 준비에 달려 있다고 해도 과언이 아니다. 같은 프로그램을 진행하더라도 어떤 교수법으로 수업했는지에 따라 수업의 만족도와 결과는 다르게 나타난다. 아이들이 즐거워하고 학부모의 만족도도 높여야 비로소 성공한 미술학원이 된다.

가르치려면 먼저 배워야 한다. 지금 당장 연구를 시작하자.

미술학원 성공 NOTE

- 1인 기업형 원장일수록 더 연구하고 준비하는 태도가 필요하다.
- 진정한 프로라면 익숙한 것을 버리고 새로운 시도를 계속해야 한다.
- 수업의 성패는 수업 준비에 달려 있다. 미리 충분히 검토하고 준비하자.

정신없는 수업은
이제 그만하라

효과적인 수업의 시작과 끝을 알라

미술 수업만큼 예측 불허하고 정신없는 수업이 또 있을까? 분명 열심히 준비하고 머릿속으로 시뮬레이션까지 완벽히 한 것 같은데 막상 수업에 들어가면 항상 정신없이 수업이 진행되고 어떻게 끝났는지도 모르게 허둥지둥 마무리되는 경험을 수도 없이 해봤을 것이다.

기본적으로 좋은 미술 수업이 어떻게 진행되어야 하는지 이어지는 내용을 숙지하고 몸에 배어 자연스러워질 때까지 꾸준히 시도해 보기 바란다. 분명 어느 순간 쉽고 효과적인 수업을 진행하는 자신을 발견하게 될 것이다.

수업 준비 단계

교육의 목적을 선생님이 제대로 파악하고 아이들에게 충분히 동기부여를 할 수 있도록 교수법을 준비하며 샘플을 제작해보는 과정이다. 최소 한 달 전에 계획안을 만들고 수업 진행 과정과 어떤 재료들이 필요한지 체크

한다. 기본적인 재료들을 이용해서 수업할 주제를 샘플로 만들어 본다면 수업 준비를 완벽하게 할 수 있다.

수업의 이해

예를 들어 박스를 재료로 기차 만들기를 할 때 바퀴와 박스, 종이만 준비했다면 실제로 수업에서는 박스를 연결할 줄이 필요하고 종이만으로는 힘이 약해서 시트지와 접착테이프, 양면테이프가 필요할 수도 있다. 샘플을 수업 전에 제작하지 않았다면 절대로 완성도 높은 수업을 진행할 수 없다. 간단하게라도 샘플로 미리 수업할 내용들을 만들어보고 어떤 점을 포인트로 잡아야 할지, 선생님이 준비해야 할 부분과 아이들이 해야 할 부분들을 정하고 수업을 시작해야 한다. 수업 준비에 따라 수업의 완성도가 달라진다는 사실을 명심하자.

수업 계획안에 대한 이해와 분석이 끝나면 필요한 재료들을 미리 구매한다. 수업에 필요한 재료들은 인터넷이나 도매시장을 이용하면 저렴하게 구매할 수 있다. 발품을 많이 팔수록 더 저렴한 재료를 구입할 수 있다. 인터넷에서 구입하면 배송되기까지 며칠의 시간이 걸린다. 시간적 여유를 가지고 재료를 준비하도록 하자. 미술 교육자는 다양한 재료를 보는 것만으로도 많은 영감을 얻고 수업에 응용할 수 있으니 재료를 구매하는 과정을 또 하나의 수업연구로 활용할 수 있다.

사전 준비

수업 준비를 하는 이유는 어떤 영역에서 수업을 진행할지 결정하고 재료를 선택해서 사전에 준비하고, 실제로 수업에 들어갔을 때 원활하게 진행하기 위해서다. 수업 준비 과정에서 가장 중요한 것은 시간이다. 최적의 시간에 최대의 효과를 끌어내서 수업 준비를 하는 것이 바람직하기 때문에 민첩한 선생님들이 수업 준비를 전담하는 것이 좋다.

수업에 사용할 종이를 재단할 때 계획적이지 않거나 경험이 부족한 선생님들은 잘라버리는 부분이 많고 시간이 오래 걸리는 반면, 공간지각력이 뛰어난 선생님들은 버려지는 부분을 최대한 줄이고 빠르게 작업을 진행한다. 가급적 아이들이 많지 않으면 여유 시간에 아이들과 함께 수업 준비를 하는 것도 시간을 아끼는 방법이다.

재료 세팅

수업에 사용할 재료나 도구들을 미리 세팅해 두면 아이들이 자유롭게 재료를 사용하면서 불필요한 동선을 줄일 수 있다. 재료 세팅은 수업을 시작하기 전까지 마무리하는 것이 좋다. 인원에 맞춰서 기본적인 준비와 수업에 필요한 재료, 책상 등을 배치해 두어야 한다. 예를 들어 가위와 풀, 종이를 사용하는 수업에서는 아이들 손이 닿는 위치에 재료를 담은 바구니를 놓아두고 필요한 종이도 적당한 크기로 오려서 원하는 만큼 쓸 수 있도록 준비해 두면 아이들이 수업 시간에 재료를 찾으러 돌아다니지 않아도 되고, 선생님도 수업을 좀 더 원활하게 진행할 수 있다.

재료를 세팅할 때 중요한 것은 타이밍이다. 수업에 필요한 모든 재료를 미리 세팅해 두는 것도 좋지만, 유치부 원생들에게는 필요한 재료들을 따로 준비해 놓고 수업이 진행되는 시간에 따라 재료를 넣어주는 것도 계획적인 수업을 하는 방법이다. 유치부 원생들은 잠시만 시선을 놓쳐도 사고가 일어날 수 있기 때문에 가능한 많은 재료를 꺼내놓지 않는 것이 현명하다.

종이접기와 점핑클레이를 함께 사용해서 카드를 만든다면, 종이와 점핑클레이를 미리 책상에 세팅하기보다는 종이접기만 미리 세팅해 놓은 다음 종이접기가 끝나면 한쪽에 정리하고 점핑클레이를 꺼내서 다음 과정을 진행하는 방식이 집중도 면에서 더 좋다.

수업 도입 단계

막상 수업에 들어가면 예측 불허한 상황과 아이들의 돌발행동으로 준비한 만큼 제대로 수업이 진행되지 않는 경우가 많다. 하지만 정해진 순서에 따라 기승전결이 확실한 수업을 계속 하다 보면 아이들도 어느새 체계적으로 수업을 따라오게 되어 한결 정돈되고 수업의 효과도 극대화할 수 있다.

출석 확인

교실에 원생들이 들어오면 가방이나 옷을 정리한 후에 교실에 앉도록 한다. 그리고 출석을 확인하는데 다 함께 차렷, 경례, 인사를 한 후에 한 사람씩 이름을 불러주는 것이 좋다. 집중하지 못하고 산만한 아이들도 수업이 시작된다는 것을 알려주면 자세를 고치고 수업에도 체계가 잡힌다.

수업 설명과 동기부여

출석 확인이 끝나면 아이들에게 어떤 수업을 진행할지에 대해서 설명한다. 수업 내용을 설명하지 않고 "자, 이렇게 그리세요."라고 하면서 수업을 진행하면 절대 안 된다. 지금 어떤 수업을 하는지, 오늘 표현할 주제에 대해 스스로 생각하고 이야기해 볼 시간을 가져야 한다. 파워포인트나 동영상, 이미지를 보여주면서 설명하면 아이들에게 생생한 정보를 전달하고 이해를 도울 수 있다. 컴퓨터나 프로젝터를 이용해서 아이들에게 설명한다면 아이들의 집중력 향상은 물론 수업에 대한 이해도 높이고 학부모에게도 호응을 얻을 수 있겠지만 이런 자료를 준비하는 일은 쉽지 않다. 대신 파워포인트로 만든 자료를 프린트해서 설명해주는 것만으로도 아이들은 수업 내용을 이해한다.

파워포인트나 사진 자료 등을 이용한 설명이 끝났다면 다음은 아이들에게 아이디어 맵 또는 아이디어 스케치를 통해 어떻게 표현하고 싶은지 개별적으로 이야기할 시간을 가져야 한다. 미술 수업에서 빼놓을 수 없는 감상과 비평 능력을 토론을 통해 키워주는 것이다. 선생님들이 예시를 위해 도식적으로 표현해 준 부분들 이외에 아이들이 직접 생각해 낸 부분들이 더 기발하고 재미있는 경우가 많다. 이런 부분들을 잘 끌어내서 아이의 개성을 살릴 수 있도록 하고 서로 이야기하는 시간을 갖는 것이 바람직하다.

수업 전개와 마무리

수업 진행

수업이 시작되면 아이들이 원하는 부분을 제대로 표현할 수 있도록 선생님의 조언과 도움이 필요하다. 아이들이 아이디어 맵을 작성하고 이야기를 나누며 그 내용을 직접 적용하여 수업에 도입해야 한다. 이 과정에서 중요한 것은 아이들이 온전히 자기주도적으로 과정을 진행하도록 해야 하고, 스스로 몰입하고 집중할 수 있도록 환경을 제공해 주어야 한다.

강요하는 분위기는 자유로운 상상력을 방해할 수 있으므로 아이들의 개성을 존중하고, 엎드리거나 바닥에 앉는 등 편한 자세를 취하도록 배려해 주어야 한다. 예를 들어, 가방 만들기를 한다면 아이디어 스케치한 것을 직접 가방에 드로잉하도록 하고, 선생님은 큰 틀을 잡거나 어려워하는 부분들만 조금씩 도와주도록 한다. 선생님의 손길은 가급적 많이 가지 않는 것이 좋다. 아이들 스스로 할 수 있도록 도움을 주는 역할로도 충분하다.

아이들마다 작품을 완성하는 속도가 다를 때는 어떻게 해야 할까? 수업 시간이 끝나지 않았는데 먼저 작품을 완성한 친구들이 있다. 그럴 때는 주제를 주고 작은 작품을 만들게 시켜서 다른 친구들을 방해하지 않으면서 교실에 머무를 수 있도록 해야 한다. 드로잉북과 같은 교재를 이용해서 남는 시간에 스케치 연습을 하거나 선생님의 수업 준비나 정리 등을 도와주도록 해서 다른 아이들이 작품을 만드는 데 집중할 수 있도록 해주고, 나이 어린 아이들은 종이접기나 작품 구상을 하도록 해서 남는 시간을 채워야 한다. 선생님들마다 남는 시간을 활용하는 방법을 연구해서 여러 가지 상황에 대비해야 한다.

수업 정리

수업 정리도 수업의 한 부분이다. 아이들 스스로 자리를 정리하도록 지도해야 한다. 선생님이 옆에서 다 해주는 것은 절대로 아이들에게 도움이 되지 않는다. 자기가 사용한 물감이나 붓, 팔레트 등은 아이들 스스로 정리하고 제자리에 놓게 하자. 스스로 정리하도록 시킬 때 가장 중요한 것은 물건들의 위치를 정해주는 것이다. 학원의 물건들이 정해져 있지 않은 상태에서 아이들이 스스로 정리하는 것은 어렵다.

미술학원은 항상 정돈된 교실 상태를 유지해야 한다. 어린 유아들도 자기가 사용한 스케치북이나 물감 등을 정리하도록 가르치면 정리하는 공부도 된다. 교실이 어느 정도 정리되면 선생님의 수고도 덜 수 있고 다음 시간의 수업 준비도 좀 더 수월하게 할 수 있다.

작품 감상과 크리틱

자기가 만든 작품에 대한 생각과 느낌, 만드는 동안 배운 것, 표현 기법 등을 자유롭게 이야기하고 다른 친구들의 작품에 대해서 서로 이야기를 주고받으며 토론하는 크리틱 과정을 가진다.

마무리

수업이 끝나면 교실을 나가기 전에 가방을 메고 한 줄로 서서 함께 인사를 하자. 줄을 서 있는 동안 오늘 어떤 수업을 했고 어떤 부분이 재미있었는지 간단히 이야기를 나누며 수업을 마무리하고 인사하는 습관을 들이면 예절 교육도 할 수 있다.

미술학원 성공 NOTE

• 효과적인 수업은 시작부터 끝까지 잘 설계되어 있다.

• 준비단계 - 수업에 대한 이해, 사전준비, 재료 세팅

• 도입단계 - 출석 확인, 수업 설명과 동기부여

• 전개단계 - 수업 진행(작품은 최대한 아이 스스로 완성하도록 돕기)

• 마무리단계 - 수업 정리, 작품 감상과 크리틱, 마무리

백지장도 맞들면 낫다

시간을 효율적으로 분배하는 것이 성패를 좌우한다

수업 준비는 아무리 강조해도 모자라지 않다. 잘 준비된 수업이 학원의 성패를 좌우한다고 해도 과언이 아니다.

많은 직장인이 아침 일찍 출근해서 저녁 6~7시쯤 퇴근한다. 지금도 야근을 하지 않는 날이 드물다고 얘기하는 직장인도 많다.

미술학원은 어떤가? 아이들의 학교 수업이 끝나는 1시 이후에 미술학원 수업이 시작되고, 특히 아동 미술 수업은 밤늦게 하기 어렵기 때문에 대부분 원장은 낮 12시쯤 학원 문을 열고 저녁 7시 이후에 문을 닫는다. 하지만 미술학원도 오전에 일찍 문을 열어야 한다. 선생님들도 아침에 출근하는 것이 바람직하다. 원장 시절에 선생님들과 각자 가장 잘할 수 있는 부분을 정해 담당 분야를 나누었고, 일찍 출근해서 회의와 수업 준비, 학부모 상담, 매뉴얼 만들기 등 학원 운영에 관한 부분을 함께 준비하고 진행했다. 그러다보니 자연히 상담에 대한 학부모의 만족도가 높아지고 충분한 준비로 인해 수업의 완성도도 높아져서 아이들의 역량도 월등히 향상시킬 수 있었다. 학부모의 입소문으로 원생이 늘어나는 것은 당연한 결과였다.

경영학 책에 '란체스터의 법칙'이 늘 소개된다. 란체스터의 법칙은 2차 세계대전 당시 연합군의 전략 수립에 커다란 영향을 미친 것으로 알려져 있다. 전력상 차이가 있는 군대가 전투를 벌인다면, 전력 차이의 제곱만큼 그 전력 격차가 더 커지게 된다는 법칙으로 영국의 항공공학 엔지니어인 란체스터[F.W.Lanchester]가 1~2차 세계대전의 공중전 결과를 분석하면서 정립했다. 무기를 사용하는 전투에서는 전투 당사자의 전력 차이가 결국 전투의 승패는 물론이고 그 전력 격차를 더욱 크게 만든다는 것이 요지인데, 성능이 같은 아군 전투기 5대와 적군 전투기 3대가 공중전을 벌일 경우 최종적으로 살아남는 아군 전투기는 2대가 아니라 그 차이의 제곱인 4대가 된다는 것이다. 결국 전력 차이의 제곱만큼 그 격차가 더 벌어지는 것이다. 이러한 확률 전투에서 힘의 논리, 힘의 격차 관계를 '란체스터의 법칙'이라고 한다.

미술학원도 경쟁에서 우위를 차지하려면 란체스터의 법칙에 따라 '시간의 우위'에 서야 한다. 시간을 지배하는 자는 제곱의 전력을 갖는 것이나 마찬가지다. 시간을 효율적으로 분배해서 수업을 준비하고 모든 업무를 순차적으로 진행하는 법을 배우자. 모두에게 공평하게 주어진 것은 시간뿐이다. 똑같이 주어진 시간을 어떻게 활용하느냐가 그 사람의 인생을 바꾸고 성공과 실패를 좌우한다는 것을 잊지 말아야 한다.

스스로에게 한 가지 질문을 해 보자. 나는 하루 중 얼마만큼의 시간을 미술 교육에 대해서 생각하는 데 투자하는가? 또한 얼마나 창의적인 방법으로 아이들을 가르치고 높은 수준의 교육 커리큘럼을 제공하는지도 자문해 보자. 이 질문에 자신 있게 대답할 수 있다면 매우 잘하고 있는 것이다. 설령 지금은 학원이 활성화되어 있지 않더라도 앞으로 성과를 낼 가능성이 상당히 높다. 다른 과목도 아니고 미술 교육자라면 적어도 모든 것에 한계를 두지 않고 자유로운 사고를 할 수 있어야 한다.

일인불과이인지 -人不過二人智

미술 교육자는 늘 창조적으로 사고하려고 노력하고 변화에 민첩하게 대응하며 어떤 일이든 가능성을 열어 두어야 한다.

나는 어떤 일이든 수업이나 경영과 연결해서 관찰하고 탐색하는 습관을 들였다. 물건을 하나 사더라도 그 물건의 광고와 포장 디자인, 다른 물건과 차별화된 부분은 무엇인지, 이 물건을 어떤 식으로 수업에 적용할 수 있을지 등을 연결해서 생각한다. 책을 볼 때도 내가 하고 있는 일과 연결하면서 응용 방법을 탐구한다. 학원을 운영하면서 새로운 아이디어를 응용하는 형태로 현실화한다. 그래서인지 모르겠지만, 성격유형 검사에서 발명가 유형이 나온 것을 보고 다소 놀랐던 기억이 있다.

하지만 혼자서 아무리 머리를 쓰더라도 한계가 있을 수밖에 없다. 일인불과이인지(一人不過二人智)라는 말이 있다. 아무리 똑똑해도 혼자서는 두 사람의 지혜를 당해내지 못한다는 뜻이다. 나도 새로운 아이템에 대한 갈증을 해소하고 더 다양한 아이디어를 모으기 위해 필아트 에듀 식구들을 비롯한 전국의 가맹 원장님들, 다양한 분야의 교육전문가들과 교류하며 의견을 듣고 있다. 함께 머리를 맞대고 아이디어를 적용할 방법을 찾고 개발하면서 아이디어 적용 범위를 더욱 확장한다. 그렇게 만들어진 프로그램들과 교육 시스템은 숙련된 선생님들을 통해 우리 아이들을 위한 최고의 미술교육으로 발현된다. 절대 혼자서 북 치고 장구 쳐서는 해낼 수 없는 일들이다. 이래서 '백지장도 맞들면 낫다.'라는 속담이 있나 보다.

미술학원 성공 NOTE

• 잘 준비된 수업을 위해 충분한 시간을 할애하자.

• 시간을 효율적으로 분배해서 업무를 순차적으로 진행하자.

• 항상 수업과 관련된 아이디어를 고민하고 수업에 적용할 방법을 찾는 습관을 가지자.

• 혼자보다는 둘이 나은 법, 동료 선생님이 없다면 주변 인맥을 활용해서라도 지혜를 모으자.

수업만큼 중요한 학원 관리의 모든 것

퇴원생 관리

학원 규모에 상관없이 학원을 운영하려면 여러 가지 관리가 필요한 부분이 많다. 신입생과 재원생, 학부모, 선생님들을 비롯해서 학원과 관계된 모든 사람을 관리하는 것이 제일 중요하다. 그중에서 빼놓을 수 없는 관리 항목이 있다. 바로 퇴원생 관리다.

원생이 퇴원하는 이유는 여러 가지다. 경제적인 이유나 이사 등 어쩔 수 없이 퇴원하는 경우도 있지만 학원 수업에 만족하지 못해서 퇴원하는 원생도 있다. 학원은 이미지 사업이기 때문에 이 부분에 대한 관리를 더 철저히 해야 한다. 어쩔 수 없는 사정으로 퇴원하는 경우를 제외하고 만족하지 못하는 부분이 생겨서 퇴원하는 빈도를 최대한 낮추어야 한다. 사람이 하는 일이다 보니 어쩔 수 없이 문제가 생겨서 퇴원하게 되었다 하더라도 사후 관리를 통해 만족스럽지 못한 부분을 풀어주고 다시 긍정적인 인식을 가질 수 있도록 신경 써야 한다는 의미다.

퇴원을 결정한 원생은 담당하는 선생님이 학부모를 학원에 오시도록 해서 직접 얼굴을 보며 인사를 드리는 것이 좋다. 원장을 비롯해서 함께 수업한 선생님들도 감사 인사를 한다. 직접 인사를 하지 못하는 경우에는 전화로라도 인사를 전한다. 아이와 함께 해서 얼마나 즐거웠는지, 부족한 점이 있었으면 어여쁘게 봐주고 실수했거나 프로답지 못한 모습이 있었다면 너그럽게 이해를 부탁하면서 진심 어린 사과를 한다. 퇴원하는 원생과 학부모에게 진정성을 담아서 인사하면 통한다는 것을 알기에 냉소적인 태도를 보이는 학부모께도 마지막까지 진심을 담아서 좋은 마무리를 하려고 노력한다.

상담을 통한 관리

학원 관리의 핵심 포인트는 상담이다. 상담은 학부모의 알 권리를 충족시키고, 학원에서 주도하는 심도 있고 적극적인 상담은 아이의 교육 문제를 공유하고 협력할 수 있도록 해준다. 뿐만 아니라 아이 가정의 대소사부터 시작해서 가족 구성원까지 알 수 있게 해주는 유용한 수단이다. 자연스럽게 미술 교육의 적기를 학부모에게 알려줄 수 있고 연령에 맞는 미술 교육 설계를 하다 보면 다른 자녀들로 상담이 이어지고 결국 형제들이 등원하는 경우도 늘어난다.

두 자녀 혹은 세 자녀가 함께 학원에 다니는 이유는 적극적인 상담에 있다. 밖에서 신입생을 모집하려 애쓰지 말고 내부에 있는 원생들을 더 깊이 있게 관리하고 상담하면 자연스럽게 학원이 홍보되고 형제들이 등원하는 효과를 볼 수 있다. 파랑새는 멀리 있지 않다. 파랑새는 늘 우리 집에 함께 있다는 사실을 기억해야 한다.

차량 운행 관리

앞에서도 여러 번 언급했듯이 학원에서 차량을 운행한다면 어떤 관리보다 차량 관리가 중요하다.

학원의 차량은 학생들의 편리를 위해 꼭 제공하는 서비스지만 학원 경영자는 늘 안전에 주의를 기울여야 하기 때문에 가장 신경 쓰는 부분이다. 다행히 내가 학원을 운영하는 동안 차량으로 인한 큰 사고는 없었지만 경미한 접촉 사고가 일어난 적은 있다. 차도 크게 파손되지 않았고 아이들 역시 다치지 않았지만 사고는 후유증이 무섭다는 말이 있어서 어린 아이들에게 나중에 무슨 일이라도 있으면 어쩌나 하는 걱정 때문에 인근 정형외과에서 차에 타고 있던 원생들을 검사하고 아이들이 귀가할 때 학부모에게 상황을 설명했다. 다음 날 아이 편에 안전한 차량운행에 더욱 만전을 기하겠다는 손글씨 엽서와 함께 어린이용 비타민을 보냈다. 보통 이렇게 경미한 사고는 혹시라도 나쁜 소문이 나서 학원 이미지에 영향을 줄 것 같아서 밖으로 알리지 않는다. 하지만 사고가 발생한 상황을 정확히 알리고 사과해서 더욱 신뢰도를 높이는 계기로 만들 수 있어야 한다. 상황에 따라 순발력과 영민한 판단으로 올바르게 상황을 처리해야 학부모들이 학원을 신뢰하게 만들 수 있다.

사고가 아니더라도 차량과 관련된 문제는 늘 발생한다. 어떤 관리 중에서도 차량 운행 관리가 특히 중요하다. 학원 차량은 운행하는 노선이 정해져 있지만 신입생과 퇴원생의 변동사항으로 인해 운행하는 노선이 바뀌기도 한다. 차량 운행도 사람이 하는 일이기 때문에 당연히 실수가 발생한다.

한번은 이런 일이 있었다. 수업하는 중에 한 학부모로부터 전화가 왔는데 차량 운행 실장님이 초등학교 1학년 아이를 태우지 않는 바람에 아이가 길에서 20분 동안 학원 차를 기다리다가 집으로 돌아왔다고 하면서 상당히 화를 내셨다. 그날은 비가 내렸다. 아이가 비를 맞고 옷이 젖은 채로 집에 돌아왔으니 학부모 입장에서 화가 나는 것이 당연했다. 나는 죄송하다고 거듭 사과의 말씀을 드리며 상황을 확인하고 다시 전화 드리겠다고 했지만 아이를 키우는 부모로서 얼마나 속상했을지 그 마음을 짐작하고도 남았다. 계속 마음이 편치 않아 약국에 들러 어린이 해열제와 감기약 등을 사들고 무작정 아이의 집으로 갔다. 나의 방문에 어머님께서 놀라며 조금 당황한 모습을 보였지만 수업할 때 입는 앞치마에 실내용 슬리퍼를 신고 달려온 나를 보고 진심으로 죄송한 마음이 전해졌는지 미소를 지어 보였다. 집에서 나올 때는 아이에게 뽀뽀를 받으면서 앞으로 필아트의 모니터 요원으로 활약하겠다는 어머니의 응원 말씀까지 들었다. 학원으로 돌아온 후 차량 실장님께 이런 일이 있었다고 이야기했고 차량 실장님도 다음 날 학부모에게 사과의 마음을 전달해서 나중에는 나와 차량 실장님, 학부모 모두 가까운 사이가 되었다. 사고 처리는 상황에 따라 신속하게 해야 하고 원생과 학부모의 마음을 헤아리는 진정성을 보일 때 오해가 풀리고 원만한 관계가 형성된다.

학원가에서는 차량 운행을 '필요악'이라고 말한다. 편리함을 주는 면에서는 약이 되지만 위험요소가 많다는 면에서 독이 될 수 있기 때문이다. 그만큼 학원 운영에서 여러 가지 문제와 리스크를 수반하는 부분인데, 비단 사고나 특별한 문제가 생기는 경우뿐만 아니라 평소에도 늘 크고 작은 문제들이 생기기 때문이다. 그중 원장들이 가장 고충을 토로하는 점은 '학원 차량을 택시로 생각하나?' 싶을 정도로 운행과 관련된 학부모들의 사소한 요구사항이 넘쳐난다는 것이다. 학교나 어린이집 방학, 현장학습 등의 일정 혹은 집안 행사와 같은 개인적인 일정에 이르기까지 여러 가지 이유로 승·하차 시간과 장소가 자주 바뀌다 보니 운전하는 기사도 힘들고 그 뜻을 전부 수용해 줄 수 없는 탓에 서운해 하는 학부모들이 생겨나기 때문이다. 차량은 안전과 가장 밀접한 부분이기 때문에 철저하게 관리해야 한다. 항시 긴장과 주의를 기울이지만 언제나 예상하지 못했던 문제들이 발생한다.

운행 노선이 자주 바뀌면 문제가 발생할 가능성은 훨씬 높아진다. 차량 운행으로 인해 발생하는 원생과 학부모의 불만과 여러 가지 위험요소를 미연에 방지하는 방법이 있다. 신입 상담과 재원생 상담을 진행할 때마다 틈틈이 학부모에게 안전하게 운행할 수 있도록 도움을 요청하고 동의서를 받아서 약속에 책임질 수 있도록 하는 것이다. 현재 학원에서 안전을 얼마나 중요하게 생각하는지, 어떤 노력을 하고 있는지 알리고 혹시라도 노선이 바뀌거나 개인적인 일로 시간이 바뀌면 다른 원생들에게 많은 불이익이 생긴다는 것을 미리 정확하게 알린다면 학부모의 이해와 협조가 높아질 것이다.

만약, 미리 알리지 못했다면 여러 가지 요구에 대해서 원칙만 강조하면서 거절하기보다는 최대한 예의를 갖춰서 요구사항을 받아들이고, 안전을 우선순위에 두기 때문에 차량 운행만큼은 학원에서 정한 대로 따라 달라고 정중히 요청해야 한다. 자녀의 안전을 위협하는 부분에 대해서는 모든 학부모가 같은 마음이므로 설득의 기술을 잘 사용한다면 충분히 이해하고 협조한다.

안전 관리

아동교육의 기본은 '안전'이다. 아무리 교육내용이 훌륭해도 안전이 보장되지 않는다면 학원 문을 닫는 것은 시간문제다. 통계청 자료에 따르면 어린이 사망 원인 가운데 1순위가 안전사고로 조사되었다. 주목할 만한 점은 안전한 장소로 인식되는 가정과 학교, 학원 주변에서 사고가 가장 많이 발생한다는 사실이다.

안전사고를 유형별로 보면 교통사고가 45.7%로 가장 비중이 크고, 익사(14.1%), 추락(8.9%), 질식(2.3%), 화상(1.1%) 순서로 많이 발생했다. 사망에 이르는 사건뿐만 아니라 크고 작은 안전사고들이 많이 발생하는 장소가 바로 학교와 학원, 어린이집 등이다. 언제든지 일어날 수 있는 안전에 대해서 각별한 주의가 필요하다. 여건이 된다면 지문이나 명찰을 이용하고 학원 도착과 하원 알림 문자 발송 시스템을 사용할 것을 권장한다.

수강료 관리

해가 바뀌고 물가가 인상되면 수강료 인상이 불가피하다. 이때는 무엇보다 학부모와 상의하거나 설문조사를 해서 수강료 인상을 결정하는 것이 좋다.

모든 학부모는 질 좋은 교육과 낮은 교육비를 바란다. 학원에서 수강료는 가장 민감한 부분이다. 학원 경영자나 선생님 입장에서는 일한 만큼의 대가가 따라와야 즐겁게 일할 수 있고 더 좋은 교육 서비스를 제공할 수 있는 경제적 기반이 마련되지만 학부모의 입장에서는 부담스러운 것이 사실이다. 그러므로 수강료 인상에는 합당한 명분이 있어야 한다. 물가 인상이라는 상투적인 이유보다는 학부모가 실감할 수 있는 명분이 필요하다. 수강료 인상으로 인해 아이들에게 돌아가는 혜택을 분명하게 알려서 수강료 인상이 손해가 아니라 이득이라는 것을 느끼게 만들어야 한다. 아이들이 받는 혜택을 전달해서 수강료 인상으로 인한 오해나 서운함이 생기지 않도록 잘 설명하는 것도 학원 경영자가 해야 할 일이다.

수강료는 원생이 등록한 날짜에 맞춰서 매달 같은 날에 받을 수도 있다. 이렇게 하면 등록한 날짜가 정해져 있기 때문에 수강료를 따로 신경 쓰지 않아도 되지만 아이들마다 수강료를 받는 날짜가 달라서 일일이 확인하는 것이 다소 번거로울 수 있다. 일반적으로 대부분의 학원에서는 매달 정해진 날짜에 수강료를 납부하도록 하고 있다. 이 방법은 신입 회원의 경우 첫 달에 수업일수를 계산해서 받아야 하는 번거로움이 있지만 매달 같은 날 수강료 결제가 이루어지기 때문에 관리적인 면에서 편리하다.

아이의 성향이 모두 다른 것처럼 학부모의 성향도 다르다. 수강료를 내는 날짜가 되면 미리 챙겨주는 학부모도 있지만 수강료 내는 날을 잊거나 사정이 좋지 않아서 늦게 납부하는 경우도 있다. 혹은 명확한 이유 없이 몇 달씩 납부하지 않는 학부모도 있다. 수강료 미납은 퇴원으로 연결될 수도 있는 예민한 부분이기 때문에 오해가 생기기 전에 조치를 취해야 한다. 한 달 수강료가 1주일이나 2주 정도 늦어지면 정중하게 문자를 보내거나 예의를 갖춰서 전화를 해보자.

형편이 안 좋다고, 늦어져서 죄송하다고 말하는 학부모에게 독촉하는 말을 하기가 쉽지는 않지만 원칙대로 단호하게 처리하는 것이 나중을 위해서도 좋다. 문제는 연락도 되지 않고 아무 말도 없이 수강료를 장기간 밀리는 학부모다. 이런 경우에는 학원 운영만 힘든 것이 아니라 학부모 입장에서도 수강료가 밀려서 목돈이 되면 큰 부담이 되기 때문에 직접 전화를 걸어 예의를 갖춰서 이야기하거나 내원을 부탁해서 상담하는 것이 좋다. 상황이 어렵지만 아이가 미술을 좋아한다면 부모님의 마음을 헤아려 수강료의 일부분에 장학 혜택을 주거나 분납 형식으로 수강료 부담을 덜 수 있도록 배려하는 것도 좋은 방법이다.

나도 경제적으로 어려웠던 어린 시절이 있었다. 학원 사업으로 내 삶을 꾸려나가고 아이를 교육시키는 입장이 된 지금은 정말 미술을 좋아하는, 열정이 있지만

집안 사정으로 인해 학원에 다니기 어려운 학생들을 위해 원생의 일정 비율을 장학
생으로 선발해 수강료를 면제해 주고 있다. 이런 제도를 잘 운영한다면 학원 이미
지를 상승시킬 수 있고 교육자로서 행복감을 느낄 수 있다. 내가 조금 손해보고 베
푸는 마음을 갖고 실천한다면 그런 점이 오히려 덕이 되어 좋은 결과로 돌아온다고
생각한다.

홈스쿨을 했을 때, 귀엽고 초롱초롱한 눈으로 미술 수업에 집중했던 아이가 있
었다. 어느 날부터 결석이 많아지고 눈치를 보는 것 같아 어머니와 상담했는데 아
버지가 하는 일이 잘 풀리지 않아서 집안 형편도 어려워졌다고 했다. 그로 인해 집
에서 다투는 일도 많아져서 눈치 빠른 아이가 이런 사실을 미리 알고 있는 것 같다
고 하면서 수강료도 밀리고 너무 죄송해서 다니기 어렵겠다는 이야기를 하였다. 밀
린 수강료는 시간이 걸리더라도 꼭 내겠다고 얘기하는 학부모의 죄송스런 표정을
보니 안타까운 마음이 들었다. 나도 넉넉하지 않은 유년기를 겪었기 때문에 남의
일처럼 느껴지지 않았다. 미술을 너무 좋아하고 감각도 있는데다 너무 예뻐했던 아
이였기 때문에 길게 고민하지 않고 계속 학원을 보내라고 말했다. 주책맞아 보일지
모르지만 내가 어렸을 때 힘들었던 일도 이야기하고, 아이가 지금 잘 하고 있기 때
문에 더 가르쳐주고 싶다고 말했다. 또 당장 내지 못하는 수강료는 "제가 적금 하
나 들었다고 생각할 테니 걱정하지 말고 보내세요!"라고 하면서 아이가 미술을 배
우지 못하면 오히려 제가 더 서운해할 거라고 말했던 적이 있다. 형편이 언제 좋아
질지도 모르는 상황에서 학원의 원칙에 어긋나지만, 어려운 상황에 처한 학부모에
게 내가 해줄 수 있는 것은 아이를 계속 가르치는 것이라고 생각했다. 이후로 꾸준
히 수업을 하면서 아이는 미술을 통해 정서적으로 안정을 찾게 되었고 오랫동안 함
께 시간을 보냈다. 다행히 아이도 밝아지고 옳은 결정이었다는 생각에 뿌듯했지만,
나도 인간이기에 한편으로는 이대로 계속 수강료를 받지 않고 언제까지 관계를 지
속할 수 있을까 하는 생각이 들었다. 그렇게 2년 정도의 시간이 지났을 무렵 아이
의 어머니가 학원에 찾아왔다. 그동안 너무 감사했다며 테이블 위에 신문지 뭉치를

꺼내 놓으셨다. 그동안 납부하지 않아서 목돈이 된 수강료를 신문지에 둘둘 말아서 오신 어머니께서 "선생님, 이제 적금 타셔야겠어요!"라고 말하면서 내 손을 꼭 잡아주었다. 아이의 아버지가 하는 일이 잘 풀리면서 수강료를 가장 먼저 챙기셨다는 어머님은 "이자까지는 못 넣었지만, 대신 여기저기에 선생님 좋다는 얘기 많이 했어요!"라고 말했다. 가르치는 입장에서 이보다 더 고마운 말은 없다고 생각한다.

이 일을 계기로 '수강료'에 대한 생각이 바뀌었다. 수강료 미납은 사전에 충분히 관리하고 예방해야 하지만 특별한 사정이 있다면 마음을 비우고 원생의 상황을 이해하려는 마음을 갖게 되었다. 돈보다는 사람이 먼저라는 말은 절대 괜한 소리가 아니었다. 돈은 관리해야 하지만 그 전에 먼저 사람을 관리해야 한다.

인맥 관리

평소 사람들 간의 관계나 인연을 소중하게 생각하는 나는 학생과 학부모, 선생님들, 건물을 관리해 주는 경비 아저씨나 학원을 방문하는 여러 관계자를 대할 때도 마찬가지로 좋은 인연을 유지하기 위해 노력했다.

필아트 본원이 입주해 있던 건물에는 미술학원이 두 곳이나 더 있었다. 신입 상담을 하러 온 학부모께 어떻게 알고 오셨냐고 묻자 1층에서 어느 미술학원을 갈까 고민하고 있었는데 경비 아저씨가 "미술학원 가려면 7층 필아트로 가세요."라고 말했다면서 무슨 관계가 있냐고 물었다. 경비 아저씨와 아무런 관계도 없다고 하자 "선생님 인품이 좋으신가 보네요."라고 말하면서 상담 후에 바로 등록한 일도 있었다. 명절이나 특별한 날, 혹은 기념일을 기억했다가 작은 선물이나 간식으로 감사한 마음을 표현했던 것이 이런 결과로 나타난 듯해서 기분이 좋았다.

그뿐 아니라 오랜 시간 동안 쉬지 않고 일하는 선생님들이 불편하지 않도록 학원에 컴퓨터나 전자기기들을 수시로 점검·수리하기 위해 방문하는 담당 기사에게도 항상 차나 음료를 권하고 식사시간에는 함께 식사하면서 인간적으로 배려하는 것도 나중에는 도움이 된다. 수리를 마치고 돌아갈 때에도 모든 선생님이 인사하고 수고에 대한 감사를 표현하기 때문에 항상 말하지 않은 부분까지도 더 챙겨주고 관리해주며 급할 때는 다른 일을 제쳐두고 제일 먼저 달려와 주기도 한다.

필아트 에듀에서 개발한 교재를 발송하거나 공동구매를 진행할 때마다 수시로 이용하는 택배 서비스도 업체를 지정해 꾸준히 함께하고 있다. 택배를 담당하는 기사는 덕분에 배송량이 늘어서 진급도 하고 월급도 올랐다며 감사를 표기하기도 했다.

이렇게 감사한 마음을 전한다면 상대방도 나를 항상 1순위에 놓고 업무를 봐주는 것은 당연하다. 인간적인 유대와 작은 감사 표현이 가져오는 신뢰, 업무적인 협력관계는 효율적인 인맥 관리의 한 부분이라 할 수 있다.

위기 관리

학원을 운영하다 보면 사람이 하는 일이라서 실수가 생기기도 하고 불만이 생기기도 한다. 나도 처음엔 문제가 생기면 당황해서 어쩔 줄 몰라서 쩔쩔맨 적이 한두 번이 아니었다. 하지만 지금은 학부모의 불만을 러브콜로 받아들이고 학부모의 마음으로 생각해서 다시 어떻게 감동을 전할지 고민한다. 대부분 학원 경영자들은 학부모의 불만을 처리하는 것이 힘들다고 말한다. 하지만 위기는 기회라고 하지 않던가? 불만을 제기한 학부모의 마음을 사로잡는 기회를 얻었다고 긍정적으로 생각하기 바란다. 크고 작은 학부모 불만 중에서도 특히 안전사고에 대한 불만은 처리하기 가장 까다롭다. 아무리 주의를 기울여도 예상치 못한 곳에서 안전사고가 일어나는 것은 어쩔 수 없는 일이다.

2011년 겨울이었다. 7세반에 예쁜 여아 원생이 새로 들어왔다. 첫 수업 날, 수업시간보다 일찍 학원에 도착해서 함께 등록한 친구와 대기실에 있었는데 관리 선생님께서 다른 아이가 화장실 가는 것을 챙겨주느라 자리를 비운 사이에 사고가 일어났다. 갑자기 아이의 울음소리가 들려서 뛰어가 보니 이마에서 피가 줄줄 흐르고 있었다. 하늘이 노랬다. 막막했지만 선생님이 흥분하면 아이가 더 불안해한다는 것을 알기에 거즈를 이마에 대고 병원이 있는 옆 건물로 아이를 안고 뛰어갔다. 이마는 1cm 넘게 세로로 찢어져 있었고 병원에서는 얼굴이기 때문에 흉터가 생길 것을 우려해 큰 병원으로 가서 진료받기를 권했다. 소식을 들은 아이의 어머니는 곧바로 학원에 왔다. 아이와 어머니를 차에 태우고 30분 거리의 큰 병원을 찾았다. 응급실에서 성형외과 선생님께 진료를 받았다. 진료를 받는 동안 원장의 마음으로, 아이를 키우는 엄마의 마음으로 발을 동동 구르며 죄송하다는 소리를 수없이 했다. 지금 생각해도 아찔하다. 꼼짝도 하지 않고 이마를 꿰매는 일곱 살 아이를 보면서 안타깝고 미안하고 속상한 마음이 들어서 나도 모르게 눈물이 났다.

얼마 후 아이는 어느 정도 안정을 되찾았고, 한겨울에 옷도 챙겨 입지 못하고 뛰쳐나와 허둥지둥하는 내 모습을 본 어머니는 크게 질타를 하지는 않았다. 아이가 배고플지도 몰라서 편의점에서 우유와 빵을 사다 주었다. 집으로 가는 길에 그날이 아이 어머니의 생일이어서 저녁 약속이 있었는데 사고로 저녁 약속이 취소되었다는 것도 뒤늦게 알게 되었다. 한 번 더 죄송해지는 순간이었다. 그렇게 아이와 어머니를 집까지 배웅하고 학원으로 올라왔다. 아이가 놓고 간 가방을 챙겨서 학원 아이들의 생일에 선물로 주는 맞춤형 기장미역을 케이크와 함께 집으로 가져다 드렸다. 아이에게 가장 미안했고 불미스러운 사고로 어머니의 생일을 망친 것이 전부 내가 관리를 제대로 하지 못했기 때문이라고 생각해서 마음이 무거웠다. 아이가 부주의해서 일어난 사고였지만 그래도 학원을 등록한 첫날, 이마가 찢어졌고 하필 그날이 어머니의 생일이었다는 것은 어찌 보면 최악의 상황이었다. 다행히 나의 진정한 마음을 받아준 어머니는 오히려 선생님들을 위로하고 학원의 든든한 지원군이 되었다. 사고를 겪은 아이도 계속 미술 수업을 받았다.

학원을 경영한 지 2년째 되던 해에는 이런 일도 있었다. 학부모 사이에 입소문도 좋게 나고 원생도 꾸준히 늘어날 무렵, 갑자기 청천벽력 같은 소식이 들려왔다. 바로 '신종플루'다. 신종플루가 처음 발병하여 원인과 처방을 찾지 못하고 있을 때 130명의 원생 중에서 한 달 동안 무려 100여 명이 학원에 오지 않았다. 유아들은 어린이집이나 유치원에도 보내지 않았고, 초등학생도 학교를 보내지 않는 경우가 많았다. 필아트만 휴원생과 결석생이 많은 것이 아니라 모든 학원이 마찬가지였다. 학원에 소독기, 항균워시, 비누, 마스크 등 신종플루를 대비하기 위한 물품을 갖추었지만 모두 소용없었다. 이제 막 자리 잡고 도약을 준비하는 상황에서 하늘만 탓할 수밖에 없었다.

결국 말 많고 소문만 무성한 신종플루가 장기화될 것을 대비해서 비상대책회의를 했다. 이대로라면 학원 문을 닫을 수도 있는 절체절명의 위기였다. 휴원생이 늘어 수입이 없는 상태에서 지출만 늘어나면 학원을 유지하기 어렵다고 판단했다. 자구책으로 우선 막내 선생님부터 일주일씩 휴가를 쓰기로 했다. 만약 신종플루 사태가 길어지면 휴가를 쓴 날만큼 월급날을 미루기로 하고 선생님들께 동의를 구했다. 출근한 선생님들은 일일이 부모님께 전화를 드려 아이의 안부를 확인하면서 우리 학원은 정상적으로 운영한다는 것을 알렸다. 통화를 하다 보니 아이는 미술학원에 너무 가고 싶은데 불안해서 보내지 못한다는 학부모가 많았다. 고민 끝에 집에서 미술 수업을 받겠다는 아이들을 선별하고 선생님이 집으로 찾아가서 수업을 진행하기로 했다. 위생에 대한 철저한 준비와 아이들이 좋아할 만한 재료를 준비해서 임시 방문 미술지도를 한 것이다. 학원에서만 수업을 하다가 집에서 수업을 해서 그런지 아이들도 편하게 수업을 받았고 학부모도 굉장히 고마워했다.

신종플루 사태가 안정 국면에 접어들었지만 많은 학원이 현저하게 떨어진 재등록률로 한동안 고전을 면치 못했다. 하지만 필아트는 달랐다. 신종플루 사태가 잠잠해지자 기다렸다는 듯이 원생들이 다시 학원에 나왔다. 방문 미술지도가 학부모에게 감동으로 다가가 입소문이 나서 이전보다 더 많은 학생이 등록하는 계기가 되었다.

위기관리 TIP - 학원이 흔들리는 징조

- 학원 운영자금이 점점 줄어든다.
- 원장의 근무 태도가 태만해지고 여러 가지 불만이 생긴다.
- 원장이 학원을 비우는 일이 많아진다.
- 선생님들은 수업에서 재미를 느끼지 못하고 다른 직업에 대한 관심이 높아진다.
- 선생님들은 나태해지면서 부정적인 목소리가 높아진다.
- 학생의 수업 태도가 나빠진다.
- 학부모의 불만이 점점 늘어난다.
- 주변에서 부정적인 소문이 들려오기 시작한다.
- 신입 상담문의나 등록하는 신입생 수가 현저히 줄어든다.
- 퇴원생이 점점 늘어난다.

Chapter 05

성공의 시작과
끝은 결국 마케팅

만들고, 포장하고, 전달해서 다시 찾게 만드는 비결

감동을 주는
마케팅 전문가가 되라

마케팅은 자신의 노력에 날개를 달아준다

미술 교육 시장에서 생존경쟁이 치열해지면서 여러 가지 새로운 마케팅 방법이 등장하고 있다. 어린이집과 차별성을 강조하며 미술을 전공한 선생님들이 학원을 더욱 전문화시키고 미술의 본질을 아이들에게 가르치기 시작했다. 점점 다양하고 질 높은 미술 프로그램들이 등장하게 된 배경이기도 하다.

하지만 예술가의 피가 흐르는 미술인이 '교육 서비스' 사업의 경영자로서 미술학원을 운영하기란 쉬운 일이 아니다. 왜냐하면 '경영'을 잘 모르기 때문이다. 이 책의 앞부분에서 경영자 마인드가 매우 중요하다고 말했는데 마인드만 가지고는 아무것도 할 수 없는 것이 현실이다. 성적을 올리기로 굳게 마음을 먹었는데 좋은 선생님도, 교재도, 하다못해 필기도구도 없다면 그 결심을 실천할 수 있을까? 이제는 미술 교육 경영자의 마인드를 실제 수익 증대로 연결시키는 작업, 즉 마케팅을 활용해서 이런 결심과 노력에 날개를 달아야 한다.

미술 교육계는 경영적인 측면보다 독창적이고 창의적인 교육 프로그램에 초점이 맞춰져 있다. 미술 교육 시장에 1인 기업이 많은 이유는 혼자 하는 일이 좋아서가 아니라 많은 인력이 필요할 정도로 성장하지 못했기 때문이다. 개인의 미술적 역량이나 교육자로서 자질은 뛰어날지 모르나 경영 노하우가 절대적으로 부족하다는 반증이기도 하다. 단시간에 경영자의 능력을 갖추기 어렵다면 마케팅 한 가지만이라도 제대로 알고 실천해보자.

시대는 계속 변한다. 18세기 노동자본이 중심이 된 농경시대부터 19세기 기술 중심의 산업시대, 20세기 지식노동자가 일하는 정보화시대를 거쳐 21세기는 가치와 감성, 창의성을 중심으로 한 융합과 창조의 시대라고 전문가들은 말한다. 문화와 예술, 첨단 기술의 경계가 허물어진 4차 산업혁명 시대가 도래한다는 것은 미술 교육인들에게 절대적으로 유리하고 반가운 소식이 아닐 수 없다. 시대가 우리에게 기회와 가능성을 열어주고 있다. 조금만 더 공부하고 변화하면 분명히 많은 것이 달라질 것이다.

더 이상 앞치마를 두른 고상한 미술선생님에 머무르지 말고 효과적인 마케팅을 통해 미술인과 경영인 두 마리의 토끼를 잡을 수 있기 바란다. 그 전에 먼저 마케팅의 개념과 필요성을 좀 더 구체적으로 알 필요가 있다.

미술학원 경영자가 알아야 하는 마케팅

고객에게 최대의 만족을 주고 생산자의 생산 목적을 가장 효율적으로 달성시키는 방법에 의해 재화와 용역을 생산자로부터 중간생산자나 고객에게 유통시키는 일체의 활동을 마케팅이라 한다. 쉽게 말해서 단순히 물건을 파는 것이 아니라 판매를 목적으로 하는 모든 활동, 고객의 요구를 파악하고 분석해서 제품이나 서비스를 개발하고 판매하고 관리하는 모든 과정을 마케팅이라고 보면 된다.

마케팅의 1차적 목표는 상품이나 서비스 판매지만 더 큰 목표는 고객의 마음을 얻어 감동을 주고 지속적으로 관계를 유지하는 데 있다. 효과적인 마케팅을 위해서는 고객에 대한 철저한 분석이 필요하고 그래야만 전략적인 마케팅이 가능해진다.

아래의 표는 원생 규모에 따른 마케팅 포인트인데 간단하지만 핵심을 담고 있다. 이런 전략적인 접근은 노력 대비 큰 성과로 돌아온다는 것을 잊지 말자.

재원생 수에 따른 마케팅 전략

재원생 수	마케팅 전략
30명 이하	외부 마케팅 집중, 신입생 상담
30명 ~ 50명 이하	기본기 충실, 내공 쌓기, 내부 마케팅 집중, 규칙적 외부 마케팅(관리, 관계 마케팅)
50명 ~ 70명 이하	교육 효과, 인식 마케팅, 내부 시스템 정비
70명 이상	대형화 시스템 전문 관리자

일반적으로 미술 교육은 타 분야에 비해 약자의 입장에 있다. 대형 프랜차이즈 업체들과 비교해서도 약자의 입장이고 타 과목에 비해서도 약자이며, 아이들과 학부모의 선택을 기다린다는 측면에서도 역시 약자의 입장이다. 결국 미술학원에는 '약자의 법칙'이 적용된다.

약자의 법칙이란 약자가 경쟁에서 살아남을 수 있는 법칙을 말하는데 '같은 장소, 같은 분야에서 강자와 경쟁하려면 우선 상품을 차별화하고 혁

신하고 그것이 어렵다면 판매와 영업의 방식을 바꾸고 이마저 안 된다면
낮은 가격으로 승부하고 그것도 여의치 않으면 틈새시장을 개발하라.'는
내용으로 요약할 수 있다.

약자의 전략	활동	비율
잠재고객의 확보	영업	53%
뛰어난 프로그램과 교육 서비스로 이길 수 있는 프로그램 개발	상품	27%
유능한 선생님	인재 양성	13%
자금력	교육에 대한 투자	7%

차별화나 틈새시장을 개발하는 것은 도움이 될지 몰라도 낮은 가격으로
승부하는 것만큼은 교육사업에서 효과를 거두기 어렵다. 교육에서는 박리
다매가 통하지 않기 때문이다. 오히려 학부모는 수강료를 더 내더라도 전문
적으로 지도해 줄 선생님이나 우수한 교육기관에 아이를 맡기고 싶어 한다.

"성공하기를 원하는 약자는 강자의 길과는 달라야 한다."고 기업 경영전
략 연구의 권위자인 마이클 포터^{Michael E. Porter}는 말했다. 중소 규모의 학원이
성공하기 위해 가장 중요한 요소는 저비용으로 잠재고객을 확보하여 고정
고객으로 만들고 충성고객을 지속적으로 늘리는 것이다.

잠재고객을 확보하거나 교육 프로그램을 알리려면 광고가 반드시 필요
하다. 광고는 상품이나 서비스에 대한 정보를 여러 매체를 통해 고객에게
널리 알리는 활동이다. 학원 광고는 재원생과 비재원생의 학부모와 소통하
는 중요한 통로다. 꾸준히 미술학원만의 스토리를 담아 내는 광고를 하는
것이 바람직하다. 광고를 했다고 곧바로 원생이 늘어나는 것은 아니니 인
내심을 가지고 다양한 광고를 시도해 보길 바란다.

머리보다 가슴으로 다가가라

가장 최신의 트렌드를 반영하는 곳은 다름 아닌 광고시장이다. 이 변화무쌍한 시장에서 오랫동안 변치 않고 중요시되는 것은 바로 마음을 움직이는 것, 즉 감동을 주는 마케팅이다. 이것을 스토리텔링 마케팅이라고 하는데, 미래의 부를 창조하는 길은 더 이상 상품이나 서비스의 기능에서 나오지 않는다.

미래학자 롤프 옌센^{Rolf Jensen}은 "꿈과 감성이 지배하는 21세기에 소비자는 상상력을 자극하는 스토리가 담긴 제품이나 서비스를 구매하려 한다. 감성을 자극하는 스토리텔링은 부를 창조하는 원동력이다."라고 말했다. 스토리텔링 마케팅은 상품 특징을 객관적으로 설명하는 것이 아니라 고객이 관심을 가지고 반응하는 이야기로 풀어나가는 마케팅 커뮤니케이션 기법이다. 앞으로는 단순히 정보를 전달하기보다 스토리가 담긴 정보를 전달하는 방식이 더욱 보편화될 것이다.

마케팅에 이야기를 붙여서 몰입할 수 있게 해야 한다. 이성보다는 감성으로, 머리보다는 가슴으로 다가가는 마케팅이 각광받고 있다. 특히 학원 홍보에 가장 중추적인 역할을 하는 엄마들을 스토리텔링 마케팅의 핵심으로 여겨야 한다. 가장 좋은 소재는 미술학원과 연계해서 아이의 칭찬할 만한 부분을 부각시키는 것이다. 자랑거리가 생기면 엄마는 일부러 부탁하지 않아도 최고의 스토리텔러가 되어 학원을 홍보해 줄 것이다.

홍보물을 제작할 때도 그 안에 다양한 스토리를 담아 전달하면 기억에 남고 오래도록 이야깃거리가 된다. 미술학원 원장님들께 가장 효과가 높았던 홍보물이 무엇인지 물었을 때 의외로 '부채'라는 대답이 많이 나왔다. 해가 지나도 오래 남는 것이 부채라고 한다. 여름방학 특강을 홍보할 때 활용하기 좋은 아이템이다. 부채를 제작할 수도 있고 아이들이 만들도록 할

〈타투, 네임스티커, 칭찬스티커 예시〉

수도 있는데 중요한 것은 그 안에 이야기를 담는 것이다.

스토리텔링이 담긴 홍보물을 배포할 때는 어떻게 해야 할까? 가격 대비 효과가 가장 좋은 것은 신문에 끼워서 배포하는 것보다 직접 전달하는 것이다. 아이들과 학부모를 함께 만날 수 있도록 어린이집, 유치원, 초등학교의 입학식과 예비소집일에 배포하는 것이 좋다. 우리 학원만의 특별하고 기억에 남는 이미지를 학부모와 아이들에게 각인시킬 수 있는 절호의 기회이니 놓치지 않아야 한다.

그리고 사람과 교류하는 최초의 마케팅 도구는 바로 명함이다. 명함은 나를 알림과 동시에 신분을 공개하는 자료로서 보존성이 높고 휴대하기 편리하다. 이런 명함에도 원장의 스토리를 담아 마케팅 도구로 활용하면 예상외의 효과를 거둘 수 있다. 사진을 넣는 것은 선택이지만 그 안에 나를 표현할 수 있는 교육철학이나 슬로건을 넣어서 신뢰도를 높이는 것이 좋다. 특히 미술학원 원장은 작업하는 사진이나 수업 중 지도하는 사진을 넣는 것이 좋다. 직함에 원장이라고 써도 좋지만 '미술 교육전문가'나 '아트 디렉터' 등 새로운 명칭을 넣어 차별화를 줄 수 있고, 연락처와 주소 외에도 홈페이지, 블로그, 카페 주소 등을 기재해서 접근성을 높인다. 특히 교육원 이름을 넣을 때 어떤 교육원인지 특징이 드러나게 하면 명함 자체로도 훌륭한 마케팅이 수단이 된다.

- 효과적인 마케팅은 우리의 노력을 수익으로 만들어 준다.

- 고객의 마음을 움직여서 지속적인 유대가 이어지도록 하는 것이 좋은 마케팅이다.

- 스토리텔링을 통해 이성보다는 감성을 건드리는 마케팅을 하자.

- 홍보물이나 명함에도 스토리를 담아 마케팅에 활용하자.

마케팅에
창의를 더하라

같은 방식도 표현을 다르게 하라

미술은 창의적인 작업이다. '창의'를 기본으로 하는 미술학원이라면 마케팅도 창의적으로 해야 한다. 현수막, 전단지를 만들더라도 다른 학원들과 차별화된 부분을 보여줘야 한다.

원장 시절 같은 지역의 원장들에게 내가 자주 들었던 말이 있다.

"필아트 차량은 살아있어!"

이런 말을 듣게 된 이유는 바로 학원 차량에 부착한 현수막 때문이다. 대부분 학원의 차량에는 홍보 문구가 적혀 있다. '방학 특강', '원아 모집' 등은 일반적인 홍보 문구다. 이런 현수막이 얼마나 많은 감동을 줄 수 있을까? 아니, 기억에는 남을까? 요즘 같은 마케팅 전쟁의 시대에 거리에는 수많은 현수막이 있다. 현수막들 사이에서 차별화된 디자인과 문구가 없다면 특별한 효과를 보기 어렵다.

이런 문구는 어떨까?

"우리 사장님이 미쳤나봐요! 완전 싸게 팔아요!"

훨씬 임팩트 있게 다가온다. 필아트의 신학기 차량에는 '입학을 축하합니다.'라는 식상한 문구 대신 '앗싸~ 나도 이제 1학년!'이란 문구를 넣었다. 여름방학에도 '여름방학특강 모집'이 아니라 '난 필아트로 휴가 간다!'라는 문구의 현수막을 부착했다. 물론 매번 새로운 카피를 생각해 내는 것은 어려운 일이지만 조금 고민해서 결정한 특별한 문구들은 필아트를 각인시키는 일등공신이 된다. 실제로 부모님들께 차량 현수막만 봐도 필아트 차량인지 알 수 있다는 이야기를 들을 수 있었다.

같은 내용이라도 다음 내용을 고려해서 기획해보자.

- 사람들의 시선을 끌고
- 내용을 읽게 만들고
- 기억에 남게 하는 것

이 원칙은 비단 현수막뿐 아니라 카페나 블로그 등에 포스팅을 할 때도 적용할 수 있다. 장황하고 수식이 화려하며 멋진 어휘를 구사하는 글이 결코 좋은 글은 아니다. 전달하려는 내용이 확실이 들어가면서도 간단명료하게 쓰는 것이 훨씬 가독성을 높인다. 미디어에 익숙한 시대인 만큼 글보다 사진 자료의 비중을 높여야 한다.

홍보의 최종 목표는 사람을 끌어들이는 것임을 잊지 말고 문장 하나, 색상 하나에도 개성과 차별화 전략을 담아 보자.

〈필 아트 차량 현수막 사례 예시〉

마케팅을 뛰어넘는 힐링 마케팅

차별화된 마케팅 전략은 무궁무진하다. 그중 적절한 타이밍에 맞춰 진행했던 마케팅을 소개하자면 명절 후 고생한 어머니를 위해서 진행한 '엄마 감동 주기 대작전'이다.

남녀가 평등해졌다 해도 명절이면 주부인 엄마들의 고생은 여전하다. 명절이 끝나면 한차례 몸살을 앓는 주부도 많다. 나 역시 주부이다 보니 그 마음을 이해할 수 있었다. 그래서 작은 이벤트를 하면 좋을 것 같았다. 이 벤트로 생각한 것은 '아빠가 요리하는 김치콩나물국'이라는 깜짝 수업이 다. 집에 가서 숙제를 해오는 방식으로 진행했지만 실제로는 명절에 고생한 엄마를 쉬게 해주고 가족의 화합을 도모하는 취지의 이벤트였다. 지퍼백에 4인 가족이 먹을 콩나물을 깨끗하게 담고 예쁜 편지지에 명절에 고생한 엄마를 위해 아빠가 끓여주는 김치콩나물국 레시피를 넣었다. 아이들에

〈콩나물, 미역국 마케팅 사례 예시〉

게는 엄마를 위한 안마 서비스를 미션으로 내 주었다. 콩나물은 저렴하면서 양도 많고 대량 구매 시 그 양이 엄청나게 늘어나기 때문에 학원에서도 비용 부담이 크지 않다. 하지만 비용 대비 효과는 정말 대단했다. 주부인 어머니를 생각하는 진정성이 전달되었음은 물론이고 아빠의 요리와 아이들의 안마 서비스까지 받은 엄마들은 큰 감동을 받았다고 했다. 다음 날 감사의 전화와 함께 무엇보다 '마음'을 받았다고 고마워한 엄마들의 인사를 받을 수 있었다. 필아트의 콩나물 마케팅은 단순한 마케팅이 아닌 마음을 담은 것이었기에 감동으로 이어질 수 있었다.

신년이나 생일, 개원일, 출산 등 특별한 시기에 했던 미역국 마케팅도 감동과 입소문의 주역이었다. 선물용으로 나와 있는 하트 모양 미역을 예쁘게 새로 포장해서 상황에 맞는 감동적인 글귀와 함께 전달했다. 미역국도 꼭 아빠가 끓일 수 있도록 아이들을 교육했고 완성된 미역국이나 가족사진을 SNS에 올려 자랑하게 유도했다. 생일이나 출산 때 가장 고생한 엄마에게 가족이 고마움을 표현할 기회를 만들어 준 것이다. 재원생의 가족에게는 가슴 따뜻한 경험을 선물하고, SNS를 통해 홍보까지 톡톡히 할 수 있어 매우 효과적인 마케팅이었다.

미술학원 성공 NOTE

• 같은 방식으로 마케팅을 하더라도 그 안에 남과 다른 창의를 담아야 한다.

• 시선을 끌고, 읽게 만들고, 오래도록 기억에 남는 글귀를 고민하자.

• 아이와 학부모를 학원의 팬으로 만드는 감동 마케팅을 기획해보자.

입소문에 살고
입소문에 죽는다

학생과 학부모의 니즈를 꿰뚫어라

검색, 광고, 소개 등 학원에 신입생을 등록하게 만드는 요인은 여러 가지가 있지만 그중에서도 가장 파급력이 큰 것이 입소문이다. 좋은 학원이라면 자녀를 보낼 때 학부모가 어떤 기대를 가지고 있는지 그 마음을 읽고 그에 맞는 피드백을 할 수 있어야 한다. 그리고 그런 피드백이 모여서 좋은 입소문을 만들어 낸다.

암소와 수사자가 사랑에 빠진 이야기를 들어보았는가? 부부가 된 암소와 수사자는 사랑을 표현하기 위해서 서로의 식사를 챙겨주기로 했다. 암소는 높은 고지대까지 올라가 맛도 좋고 몸에도 좋다는 유기농 야채를 골고루 준비했고, 수사자는 육질이 부드럽고 신선한 생고기를 사냥해 와서 암소에게 주었다. 암소와 수사자는 자신이 할 수 있는 최대한의 노력과 성의를 다해 식사를 준비했으나 밥상을 받은 그들은 기쁘지 않았다. 이유를 눈치챘을 것이다. 그렇다. 암소에게 신선한 생고기는, 사자에게 유기농 채

〈현장 학습 사례 예시〉

소는 맞지 않았던 것이다. 노력과 성의를 표현했지만 만족과 기쁨으로 연결되지 못한 것, 즉 서로의 니즈를 제대로 보지 못했던 것이다.

학원 운영도 마찬가지다. 열심히 수업하고 노력만해서 되는 것이 아니다. 아이들과 학부모의 니즈를 꿰뚫고 있는 원장이 되어야 한다. 때로는 고객 자신도 모르고 있던 니즈를 찾아내서 알려주어야 한다.

아이들보다 관리가 까다로운 고객이 바로 학부모다. 학부모들은 어떤 요구를 할까? 학부모마다 요구조건이 다르지만 아이를 내 자식처럼 사랑하는 마음과 전문적인 교육 프로그램, 그리고 철저한 안전과 위생 관리는 부모로서 중요하게 여기는 부분이다. 또한 겉으로 보이는 부분 못지않게 내실 있는 교육과 아이의 실력 향상을 기대한다. 요즘은 체험도 중요하게 생각하므로 전시회, 박물관 견학 등 현장학습으로 아이들의 안목을 높여주자.

학부모는 결코 호락호락한 태도로 우리를 응원만 해주는 존재가 아니다. 그렇기 때문에 대외적인 홍보에 집중하기 전에 기존 원생 관리를 우선순위로 해야 한다. 원생을 세심하게 관리한다는 사실을 학부모가 알 수 있도록 표현하는 것이 중요하다. 학원의 장점은 최대한 표출하고 단점은 개선해나가면서 장점으로 단점을 덮는 기술이 필요하다.

잡은 고기에게 먼저 먹이를 주라

필아트 마케팅에서 가장 기본이 되는 원칙이 있다. 내부 고객을 1순위로 하고 모든 혜택의 우선순위를 주는 것이다. 내부 고객은 현재 학원을 다니는 원생이다. 재원생부터 먼저 챙겨야 한다. 앞문으로 들어오는 손님을 맞이하는 데만 정신을 쏟을 것이 아니라 뒷문으로 나가는 손님을 막는 것도 중요하다.

신학기 모집을 하는 학원들이 학교 앞에서 사탕이나 스케치북 등의 선물을 나눠주며 홍보전단을 돌리는 모습을 종종 볼 수 있다. 솔직히 이런 활동은 낭비라고 생각한다. 차라리 그 비용과 노력을 재원생들에게 더 투자해서 내실을 갖추는 것이 장기적으로 볼 때 더 좋다. 원장들이 시간이 남아서 그런 홍보를 하는 것은 아니다. 신규 원생 모집이 그만큼 어렵고 뜻대로 되지 않기 때문에 길거리 홍보를 자처하는 것이다. 제대로 된 모집을 위해서는 그런 일회성 홍보보다 지속적이고 체계적인 홍보 전략이 필요하다. 특히 창의적인 교육을 하는 미술학원에서는 색다른 홍보가 더욱 절실하다. 각종 대회 입상부터 행사, 전시, 이벤트, 학부모 교육, 모집 등에 이색적이고 다양한 방법으로 효과 높은 홍보를 실행해야 한다.

〈캐릭터 색칠공부 예시〉

　　많은 비용을 들이는 광고가 반드시 좋은 광고라고 할 수는 없다. 학부모
의 입소문이 어떤 광고보다도 더 큰 효과를 가져 온다는 것을 모르는 사람

이 있을까? 그러므로 꼭 비용을 들여 전단지나 현수막을 제작하지 않더라도 재원생 학부모를 이용한 홍보가 이루어질 수 있도록 기본적으로 내부 고객을 더욱 살뜰히 챙기고 내 편으로 만들어야 한다.

미술학원의 최대 고객은 아이들이다. 뿐만 아니라 가장 좋은 영업사원도 바로 아이들이다. 아이들이 좋아하고 즐거워하는 수업은 그 자체로도 마케팅 효과를 가진다. 신학기 네임 스티커 만들기나 좋아하는 캐릭터 색칠하기 등 호응과 실력 두 가지를 만족시키는 수업으로 아이들의 마음을 사로잡아보자.

필아트의 일등 빅 마우스는 유아 친구들이다. 모든 선생님이 아이들을 사랑하고, 그 마음을 말과 행동으로 표현하며, 열심히 수업을 준비해서 즐겁고 새로운 경험을 만들어 주고자 애쓴 것을 아이들도 알아주는 것 같다. 그 아이들이 어린이집이나 유치원에 가서 미술학원을 자랑한 덕분에 필아트에는 "○○이가 다니는 미술학원인가요?, ○○도 다니지요?" 하는 문의 전화가 많이 온다. 주로 같은 반 친구가 필아트 자랑을 하도 많이 해서 우리 아이도 꼭 필아트를 가야겠다고 고집한다는 내용이다. 얼마나 자랑을 했는지 한 친구는 어린이집 같은 반 친구를 6명이나 등록시키기도 했다.

홍보와 모집 때문에 걱정한다면 한 가지만 명심하자. 재원생은 현재의 고객이자 미래의 고객이며 홍보까지 함께하는 최고의 영업사원이 될 수 있다는 것을!

그렇게 기본적인 관리를 통해 돈 안 드는 홍보를 우선적으로 하고 그 후에 필요하다면 추가로 각종 매체를 이용한 홍보를 해야 한다. 주의할 것은 모든 사업의 기본은 진정성이라는 것을 기억하고 학원 홍보도 정직하고 일관성 있게 해야 한다는 점이다.

거짓되고 부풀려진 과장 광고, 하지 못할 것을 하겠다고 호언장담하는 식의 광고는 차라리 안 하니만 못하다. 홍보만을 위한 광고는 결국 학원의 신뢰를 떨어뜨린다. 나쁜 이미지를 갖게 되면 교육 효과까지 의심하기 때문에 진정성 있고 일관된 내용으로 홍보해야 한다.

수업으로 마케팅하기

필아트에서 생각하는 최고의 수업은 아이들이 즐겁고 미적 감각 및 실력까지 향상되며 학부모의 만족도도 높고, 가르치는 선생님이 보람을 느낄 수 있는 수업이다. 더불어 수업으로 인한 자연스러운 마케팅 효과까지 본다면 얼마나 좋을까? 마케팅을 자연스럽게 수업에 적용시킨 예는 정말 많다.

추석 무렵, 장 볼일이 많은 학무모를 생각하면서 장바구니 아이템을 내놓았다. 질감이 다른 두 종류의 대형 장바구니를 구매한 다음 유치부는 비닐 소재의 가방에 시트를 붙여서 윈도우 펜으로 그림을 그리고, 초등부는 천소재의 가방에 아크릴 물감을 이용하여 좀 더 섬세한 그림을 그렸다. 사랑하는 엄마 또는 할머니가 직접 사용할 물건을 만들어 선물한다는 생각으로 수업에 임해서 그런지 아이들의 수업 태도도 사뭇 진지했고 평소보다 잘하려는 모습이 눈에 보였다. 집에 돌아가서 자랑스럽게 내놓을 기대감으로 가득 찬 아이들이 새삼 너무 순수해보였다.

완성된 가방을 포장해서 아이들이 가져가도록 하고 아이들의 수업태도와 가족을 생각하는 마음을 학부모에게 알려준 다음 꼭 칭찬해 주시라는 문자를 보냈다. 얼마 후 학원에서 만든 장바구니를 들고 마트에서 장 보는 모습을 인증샷으로 찍어서 보내주는 학부모도 있었고, 생각보다 너무 잘 만들어서 실제로도 잘 들고 다닌다는 감사 전화를 받기도 했다. 그렇게 표현하고 알리는 학부모들 덕분에 저절로 학원이 홍보되는 효과가 있었음은 두말하면 잔소리다. 이 정도면 수업을 계획할 때 마케팅 효과를 함께 생각해야 할 이유가 충분하지 않은가?

　그 외에도 '1박2일 이벤트 수업', '아빠가 참여하는 수업', '파티 형식의 수업' 등 학생들에게 잊지 못할 추억을 만들어 주면서 마케팅 효과까지 거두는 수업을 최대한 활용해보자.

<1박 2일 이벤트 수업, 아빠가 참여하는 수업 사례 예시>

<파티, 포토존 이벤트 사례 예시>

그냥 넘어가면 안 될 중요한 행사들도 있다. 크리스마스, 할로윈, 어린이
날, 졸업 등인데 이때는 어느 학원 할 것 없이 모두가 저마다 행사를 하기
때문에 비교우위에 서는 것을 목표로 행사를 기획해야 한다.

너도나도 하는 거니까 돋보이기 어렵다? 아니다. 행사의 가치를 더 특별하게 해서 독보적인 1등이 되어야 한다. 시간과 비용을 많이 들이지 않아도 소소한 소품이나 장치들로 행사의 퀄리티를 확 끌어올릴 수 있다. 특히 행사가 끝나도 사진은 남고, 학부모는 사진으로 많은 것을 평가하기 때문에 행사 당일 포토존을 만들어서 배경을 꾸미고 더 특별한 사진을 찍을 수 있게 하자.

작은 차이가 큰 결과를 만들어 낸다는 것을 항상 명심하기 바란다.

장점은 최대한 떠벌려라

먼저 나서서 학원을 홍보해 주는 아이와 학부모는 극히 일부이다. 그러니 너무 겸손의 미덕만을 내세우지 말고 우리 학원의 뛰어난 부분들을 최대한 자랑하자. 딱히 뛰어난 부분이 없다면 아이를 대하는 자세나 노력 등을 자랑해도 좋다. 다만 자랑으로 들리지 않게 은근히 생색낼 줄 아는 스킬이 필요하다. 좋은 소문이 나기까지는 많은 노력과 시간이 들지만 그 결과는 무엇보다 막강한 홍보 효과로 나타난다.

그러나 안타깝게도 나쁜 입소문은 좋은 입소문보다 7배나 빨리 퍼지며, 한번 나쁜 소문에 휩싸이면 아무리 학원에서 노력하고 지속적으로 광고해도 신규 원생을 확보하는 데 어려움을 겪게 된다.

학원을 운영하는 데 있어서 가장 신경 써야 하는 부분이 '안전'이라는 말을 여러 번 했다. 미술 수업에서는 여러 가지 재료를 사용하기 때문에 기본적으로 수업 시간의 안전도 중요하지만, 차량을 운행하는 학원은 특히나 안전사고에 유의해야 한다. 안전이 중요하다는 말은 수백 번 강조하고 또 강조해도 모자랄 만큼 중요하다. 이미 뉴스기사나 주변의 사례들을 통해서 안전사고 문제가 학원 운영에 얼마나 치명적인 영향을 미치는지는 알고 있을 것이다. 지금은 만 6세 이하의 아동이 차량에 탑승할 때 안전을 책임질 동승자가 함께 타는 것이 의무화되었지만 몇 년 전만 해도 학원에서 안전 도우미는 선택사항이었다. 물론 안전 선생님을 두는 것이 가장 바람직하지만 어려운 여건의 학원들은 인원을 줄여도 모자랄 판에 추가 인원을 고용하는 것이 만만치 않은 일이었다. 하지만 원장이라면 학부모의 요구에 귀를 기울여야 한다. 나도 엄마이자 학부모이다 보니 아이를 학원에 보낼 때 안전에 신경 써 주기를 바라는 마음을 누구보다 잘 이해한다.

아이의 실력이 향상되고 즐겁게 학원을 다니는 것도 좋지만 무엇보다 아이가 아무 탈 없이 안전하게 학원에 다닐 수 있어야 한다. 특히 미술학원에는 유아들이 많기 때문에 더 신경 쓰이고 위험에 대한 노출도가 높다. 유아들은 차량에 타고 내릴 때부터 계단이나 입구, 교실, 화장실 등 어디서든 사고의 위험에 노출되어 있다. 비용 부담이 전혀 없는 것은 아니지만 안전을 담당하는 선생님이 함께 차량에 탑승한다면 부모님들도 원장인 나도 안심이 될 게 분명하다. 지출을 줄이려다 큰 사고를 당하고 나서 후회하느니 어느 정도 리스크를 감수하고라도 미연에 방지하는 것이 옳다고 판단해 안전 선생님을 두기로 했다. 차량에 함께 타는 선생님들은 별도로 친절과 안전 교육을 받았고 매일 회의와 점검을 통해서 관리에 소홀함이 없도록 했다.

이런 소문은 학원에서 알리기도 전에 학부모의 입에서 입으로 퍼져나갔고, 필아트는 수업뿐 아니라 안전에도 각별히 신경 쓰는 학원이라는 이미지를 얻게 되었다. 그 후 짧은 기간에 유치부 원생이 20~30% 급증하기도 했다. 이제는 여러 원장들에게 항상 권하고 있다. 자신들의 노고를 당당하고 자신 있게 학부모에게 자랑하고 학원에 대해 자부심을 갖도록 유도하라고 말이다.

미술학원 성공 NOTE

• 항상 학생과 학부모의 니즈를 파악하고 있어야 한다.

• 재원생을 제대로 관리하는 것이 열 번의 홍보보다 더 효과적인 마케팅이다.

• 책임지지 못할 과장 광고는 차라리 안 하는 것만 못하다.

• 수업 자체도 효과적인 마케팅 수단이다. 홍보에 활용할 수 있는 수업을 개발하자.

• 학원의 장점과 노력을 충분히 알려서 입소문의 근거를 만들자.

인맥관리로 든든한 지원군 만들어라

어려울 때 힘이 되는 진짜 인맥이 중요하다

요새 흔히 쓰는 표현 중에 '인싸'라는 것이 있다. '핵인싸', '슈퍼인싸' 등의 상위 버전으로 표현하기도 하는 이 말은 '인사이더Indiser', 즉 인기인을 말한다. 반대로는 외톨이로 불리는 '아웃사이더Outsider'가 있다. 항상 대인관계에서 중심에 있고 주변에 사람들이 많은 '인싸'는 요즘 아이들이 동경하는 이상향이기도 하다. '인싸'가 되는 것은 어쩌면 전교 1등을 하는 것보다 어려운 일이고 인간관계와 사회성이 검증되었다는 의미에서 엄청난 능력으로 간주된다.

이젠 초등학교 아이들조차 인지하고 있는 인맥의 중요성, 하지만 진정한 인맥관리란 단지 주변에 사람이 많은 것을 의미하지 않는다. 인맥은 단순히 '아는 사람들'을 말하는 것이 아니다. 내가 필요할 때 도움을 주고, 어려운 상황에 처했을 때 기꺼이 내 편이 되어 주는 사람들이 진짜 인맥이다. 힘들고 외로울 때 마음을 터놓고 이야기할 수 있는 상대가 있다면 더할 나위 없다.

불가능을 가능케 한 불세출의 영웅, 이순신 장군의 승리는 특별한 인맥이 있었기 때문에 가능했다는 말이 있다. 실제로 이순신 장군은 인맥 만들기의 귀재였다고 한다. 정기적으로 한양의 권문세가에는 이름을 새긴 칼을, 귀부인에게는 고급 부채를 선물하면서 꼭 서신을 동봉했다. 덕분에 이순신 장군이 정치적으로 어려울 때마다 조정 대신들이나 지인들이 큰 도움을 주었다고 한다. 비단 이순신 장군만이 아니라 역사에 이름을 남긴 리더들은 대부분 주변에 든든한 지지자들을 인맥으로 두고 있는 경우가 많았다.

퇴직한 남편들이 가장 부러워하는 인맥은 다름 아닌 부인의 인맥이라고 한다. 일명 아줌마의 인맥이다. 아줌마들은 사람들과 잘 사귀고 소통하며, 이웃이나 친목회 등을 통해서 다양한 인맥을 만든다. 그래서 나이가 들수록 더 바빠진다. 일만 하던 남편들이 개인의 인맥보다 업무와 연관된 인맥 위주로 발달한 것에 비해 아줌마의 인맥은 어디서든 통하고 쉽게 친해져서 다양한 분야로 인맥을 확장시키는 장점이 있다. 나도 꽤 사교적인 성격이라 사람들과 금방 친해지고 돈독한 관계로 발전시키는 경우가 많다. 처음 본 학부모나 원장들과도 아내, 주부, 엄마라는 공통분모를 가지고 서로 공감하며 소통하다 보니 더욱 폭넓은 인맥이 만들어지고 있다. 타고난 성향이 낯을 가리고 소극적이라면 인맥을 키우기 위해 사람들과 편안하게 소통하는 법을 배워야 한다.

유치원, 어린이집, 피아노학원은 경쟁자가 아닌 연합군

학원을 운영하다 보면 종종 어린이집이나 유치원, 다른 학원들과 교류하게 된다. 교류와 관계를 어떻게 하는가에 따라 학원 운영과 이미지가 달라진다. 예를 들어, 어린이집을 다니는 원생이 아이들과 잘 지내면서 미술학원에서 있었던 일들을 이야기한다면 어린이집에서도 미술학원을 좋게 볼 것이다. 그러면 어린이집 선생님과 미술학원 선생님 사이에 유대관계도 좋아진다.

설이나 추석 등의 명절에 마음을 표현하는 작은 선물이나 감사의 글을 전하는 것은 관계를 더욱 돈독하게 하는 도구이다. 소통을 기본으로 우호적인 관계를 맺고 거기에 교육 효과까지 검증된다면 다른 교육기관들도 분명 기꺼이 우리와 함께하는 연합군이 될 것이다. 미술학원을 고민하는 학부모에게 어린이집 선생님이 당신의 학원을 첫 번째로 추천하게 만들어야 한다.

미술학원 성공 NOTE

- 필요할 때 도움을 주고, 어려울 때 기꺼이 내 편이 되어 주는 사람들이 진짜 인맥이다.
- 친근함이 최대 무기인 아줌마들처럼 편안하게 소통하는 법을 배워서 인맥관리에 활용하자.
- 주변에서 나를 응원해주는 지지자들을 찾고, 최고의 인맥으로 만들자.
- 타 교육기관은 경쟁자가 아닌 연합군이다. 항상 돈독한 관계를 유지하자.

저절로 알려지게 만드는 오프라인 홍보를 하라

어렵고 힘든 일도 과감히 실천하기

미술학원의 대표적인 행사 중 하나는 전시회다. 전시회를 계획하고 준비하는 과정이 얼마나 어려운지는 경험해 본 선생님이라면 모두 다 알고 있을 것이다.

전시회를 실내가 아닌 야외에서 하면 어떨까? 기왕 전시회를 할 거라면 홍보 효과를 염두에 두고 새롭게 기획하여 추진해 보기로 했다. 야외에서 전시회를 하려면 실내 전시보다 훨씬 더 많은 노력과 수고가 필요하다. 일단 변덕스러운 날씨가 문제다. 야외에는 벽이 없다 보니 전시대나 이젤 등을 미리 준비해야 하고, 필요할 경우 만들어야 할 수도 있기 때문에 할 일이 몇 배로 늘어난다. 그밖에도 아이들 통제하는 문제나 지역사회의 동의를 구하는 일 등 다양한 변수에 대비해야 한다. 하지만 사람이 많은 야외에서 성공적으로 전시회를 마무리하면 엄청난 홍보 효과를 기대할 수 있다.

야외 전시회가 어렵다는 것은 나를 비롯한 선생님들 모두가 알고 있었지만 그래도 과감하게 '필아트 야외 미술전시회'를 개최했다. 전시 주제에 맞춰서 콘셉트를 정하고 구체적인 전시 계획을 세운 뒤에 두 달간 전시 작품을 만들면서 차근차근 준비했다. 우선 야외 공원에서 전시회를 열려면 관청의 허가를 받아야 했다. 더 많은 볼거리를 제공하기 위해 야외 공원에 무대를 세우고 무용학원의 지원을 받아 댄스 공연 이벤트도 마련했다. 전시회를 열기까지 아이들의 작품을 선별하고 디스플레이 하는 일 등 모든 것이 무리의 연속이었다. 전시회 당일 어수선한 모습을 보이지 않기 위해 마지막 날은 밤을 새워 작업을 하고 미술작품을 운반하는 차량을 빌려서 작품과 전시에 필요한 비품들을 미리 옮겨 두었다. 그렇게 작품을 설치하는 데만 9시간이 걸렸다. 밤 12시에 시작한 작품 설치는 다음 날 아침 9시에 끝났다. 새벽에 이슬이 내릴 것을 대비해서 작품에 천막을 씌우는 과정까지 그야말로 모두가 하나가 되어 협심하지 않으면 전시 자체를 포기할 수도 있을 만큼 힘든 작업의 연속이었다.

우여곡절 끝에 1박 2일 일정으로 전시회를 진행했다. 전시하는 이틀간도 아이들의 소중한 작품이 도난당하거나 훼손되는 일을 우려해서 선생님들이 순번을 정해 밤새 작품을 지키는 수고 끝에 전시회를 순조롭게 마무리할 수 있었다. 시작할 때 이미 어려움이 많을 것이라 예상했고, 과정은 예상보다 훨씬 더 고생스러웠다. 하지만 빨간 하트가 그려진 필아트 단체 티셔츠를 입고 사람들이 자신의 작품을 봐주는 멋진 경험을 통해 한껏 들떠서 행복해 하는 아이와 그 가족을 보면서 그간의 고생은 눈 녹듯 사라져버렸다. 고생 끝에 낙이 온다는 말을 실감하는 순간이었다.

전시회를 준비하느라 며칠씩 야근하고, 전시회 당일에는 큐레이터로서 작품 설명과 안내를 하고, 홍보 전단지 배포는 물론 문화 행사로 개최했던 페이스 페인팅 작업까지 하면서 말 그대로 슈퍼우먼이 되어 준 선생님들이 있었기에 가능한 일이었다.

＜길거리 홍보 이벤트 예시＞

많은 수고와 희생을 감수하면서 과감하게 야외 전시회를 추진한 결과는 어땠을까? 전시회 이후 효과를 바로 체감할 수 있었다. 곧바로 원생이 마구 늘지는 않았지만 필아트 선생님들의 열정과 전문성, 따뜻함이 지역사회에 널리 알려졌고 지역 주민들에게 제대로 '필아트'를 각인시키는 기회가 되었다. 덕분에 학원 인지도가 크게 상승해서 따로 홍보에 신경 쓰지 않아도 먼저 학원의 문을 두드리는 학생과 학부모가 점점 늘어났다. 꽤 오랜 시간이 지난 후에도 신입 상담을 하러 온 학부모는 야외 전시회 이야기를 하곤 했다. 그만큼 사람들의 기억에 오래 남는 인상적인 행사였던 것이다. 힘들고 어려운 일일수록 그 효과는 크고 오랫동안 나타난다. 당시 전시회를 마치고 선생님들과 식사를 하면서 좋았던 기억이 난다. 먹는 것을 좋아하는 내가 밥을 먹으며 졸아보기는 생애 처음이자 마지막일 것이다.

학원 일을 해 나가는 동안 매번 쉬운 길로만 가기보다 때로는 힘들어 보이는 일도 과감하게 추진할 때 비로소 한 뼘 더 성장할 수 있다.

야외 전시회 이외에도 필아트에서는 늘 다른 학원에서 하지 않는 일, 혹은 하고 싶어도 무리라고 생각해서 꺼리는 일들을 과감하게 실천하면서 좋은 결과를 얻는 경우가 많았다. 이는 '성공하는 원장의 네 가지 조건'에서 강조한 '혁신'을 과감히 실천으로 옮겼기에 얻은 성과라고 자신 있게 말할 수 있다. 고민만 하면서 아무것도 하지 않는 것보다 항상 무엇이든 시도해 보는 사람에게 좋든 나쁘든 결과가 따라오기 마련이니까.

<야외 전시회 이벤트 예시>

FEEL ART

2019 03

www.feelartedu.com / 1899·7615

자신만의 세계로 **세상을 뒤흔든 여성화가, 프리다 칼로**

1929년 루브르 박물관에서 남미의 여성화가의 작품을 사들이는 일이 이슈가 되었다. 멕시코의 화가 프리다 칼로다. 남녀 작가로도 여성으로도 최초의 일이다. 사실 프리다가 여성이라는 점 보다 그 작품들이 동경하는 정물이 아닌 지파상들이라는 점이 더욱 주목을 받았다. 고난의 삶을 산 여성인 프리다 칼로의 삶, 고통과 고난, 불행들을 압축하여 자신의 모습으로 나타낸 초현실주의 지파상은 당시 대중들에게 큰 파장을 일으켰다.

가시목걸이를 한 자화상과 벌새 /1940/ 프리다 칼로

이 작품은 그녀의 삶과 작업에 대한 많은 함축적 의미를 포함하고 있어 그녀의 작품 중 가장 유명하다. 자신의 비극에 대해 가장 잘 말해주는 자화상으로 알려져있는데 그의 속 가시목걸이는 그녀가 남편 리베라와 헤어진 아픔을 반영하고 있다. 미술 역사학자들은 그림 속 원숭이 같고 있는 마냥 개인의 순교자적 고통을 암시하며, 가시 목걸이는 마치 십자가를 걸어가는 예수그리스도의 가시면류관을 연상케 한다고 보인다고 평가한다. 그림 위에 있는 나비들은 그녀 자신의 개인적인 부활의 상징으로 해석되며 이러한 점에서 참고가 자신을 그리스도와 직접적으로 대조시키고 있다는 평가를 받기도 한다.

프리다 칼로는 장애와 고통 속에 항상을 삼아야 했으며, 멕시코의 위대한 화가 디에고 리베라의 아내였는 영상을 얻었지만 남편으로부터 학대를 받았던 여성으로 그려지곤 했다. 사실적으로는 한생 스캔들을 신봉했던 광수 공산주의자였으며 예로니스트로 심했던다. 무엇보다 프리다 칼로를 위대하게 만드는 것은 3000 여점의 작품, 소위인 이슈나 여성적 주체로 직면해 말해야 남긴 위대한 작가로서 실제 장애여성으로 여성으로서 남아야 했던, 고통을 고스란히 작품으로 승화했다는 점이다. 야박한 여성으로서 혼자 잃은 배경으로서 인체 페미니스트들로부터는 영웅으로서 추앙받게 어진의 보고 있기도 하다. 주로 자화상들 통해 여성의 고통, 즉 여성이자 장애인로서 레이어, 고통과 내면을 담아내곤다. 함으로서 그림과 판념적으로 강렬하고 화려한 색채감을 바탕으로 초현실주의적인 구도를 보여주고 있다.

우주, 대지, 디에고, 나, 세뇨르 /1949/ 프리다 칼로
솔로틀의 사랑의 포옹

원숭이와 함께 할 자화상 /1938/ 프리다 칼로

<소식지 예시>

유형별 홍보 방법과 특징

[온라인 홍보]

- 홈페이지 : 학원의 수업 내용을 알리는 홍보와 광고에 두루 사용할 수 있지만 제작 비용이 만만치 않다.
- 카페 : 손쉽게 학원의 정보나 아이들의 작품, 수업 모습 등을 올릴 수 있고 학부모와 소통하는 공간이지만, 게시판 형태로 누구나 참여하다 보니 악의적인 글과 댓글로 역효과가 날 수 있으며 관리를 제대로 하지 않으면 운영하지 않는 것만 못한 결과를 가져 올 수 있다.
- 블로그 : 카페와 비슷한 역할이지만 단순히 자료를 포스팅하는 역할이 주된 기능이며 위험부담이 적고 댓글을 통한 소통에 유리하다.
- SNS : 홍보보다는 소통과 정보 공유를 목적으로 활용하기 좋다.

[오프라인 홍보]

- 옥외광고, 전단, 현수막, 홍보물 제작 : 가장 기본적인 홍보 수단이다.
- 실내 및 야외 전시회 : 학원의 인지도와 자부심을 높인다.
- 이벤트 수업 : 아이와 학부모의 만족도가 높아지고 긍정적인 이미지를 구축한다.
- 지역사회와 함께하는 행사(페이스 페인팅, 네일아트 등) : 지역 내 홍보에 매우 효과적이다.
- 학부모 초대 강연과 수업 : 학부모의 참여는 그 자체로도 홍보가 된다.
- 학부모와 아이가 함께하는 추억 만들기 : 아이와 학부모의 기억에 남는 행사를 진행한다.

저비용 고효율의 홍보 비법 대 방출

미술학원 홍보의 기본 원칙

스마트한 세상을 살아가기 위해 지금부터 본격적으로 홍보 방법을 살펴보자. 우선 홍보의 기본 원칙은 다음과 같다.

- 짧고 굵게 하라 - 시간과의 싸움
- 에너지를 집중하라 - 자본과의 싸움
- 지역과 대상을 작게 하라 - 집중 홍보의 효과
- 구매 욕구를 자극하라 - 고객의 이익 실현을 강조

위와 같은 원칙을 토대로 다양한 홍보 방법을 시도하되 그 홍보 수단이나 대상, 목적에 따라 포인트를 조금씩 다르게 적용해야 한다.

홍보 및 모집 시기별 특징

구분	일정 및 특징	
1월	겨울방학	겨울방학 특강 선생님의 능력에 따라 특별한 수업이 가능
2월	졸업식, 봄방학	신학기 특수(설 이후 1차 신학기 모집)
3월	개학 및 입학식	신학기 특수 (개학 이후 2차 신학기 모집) 강사의 능력과 관리 시스템에 가장 신경 쓸 시기
4월		신학기 특수 - 어린이집, 학교에 적응 후 등록생 증가 (소개로 연결되도록 수업과 관리에 만전을 기할 것)

5월	중간고사	미술대회가 집중해서 열리는 시기이나 가정의 달과 중간고사 대비로 신규 모집은 저조한 편
6월	기말고사	성적에 따른 이동 및 방학 이탈 방지를 위해 홍보보다는 상담과 관리에 주력
7월	여름방학	여름방학 특강
8월	여름방학	여름방학 특강
9월		2학기 특수 - 사생대회가 집중해서 열리는 시기
10월	중간고사	중간고사 성적에 따른 변동, 추석 후 등록생 증가
11월		성적에 따른 이동 및 방학 이탈 방지를 위해 홍보보다는 상담과 관리에 주력
12월	기말고사, 겨울방학	기말고사 이후 겨울방학 대비 특강, 추운 날씨로 인해 유아 등록 저조

학원 홍보 전단

일반적으로 가장 많이 쓰이는 홍보 수단인 전단지는 비용적인 면에서도 부담이 적고 배포도 용이하다. 전단지를 100% 활용하려면 끌어당기는, 호기심을 유발하는 문구가 있어야 한다. 실제로 전단지의 생명은 1~2초 안에 판가름이 난다. 전단지가 1~2초 안에 시선을 잡아끌지 못하면 쓰레기통으로 들어가는 신세가 된다. 과연 어떻게 하면 적은 비용을 들여서 더욱 효과적인 전단지를 만들 수 있을까? 우리가 주변에서 많이 볼 수 있는 전단지는 대기업의 이미지 광고나 카피를 벤치마킹한 것이 대부분이다. 하지만 또 다르게 생각해 보자. 대기업의 광고는 내용 없이 단한 줄의 카피만 있어도 그 효과가 크다. '와! 뭔가 세련됐다!'는 느낌과 함께 기업의 이미지를 훌륭하게 표현했다는 평가를 받는다.

미술학원에서 이런 대기업 광고를 벤치마킹하는 것이 효과가 있을까? 정답은 '절대로' 아니다. 대기업 수준의 광고 전략이나 디자인을 구현하기도 어렵고 이미지만으로는 결코 승부할 수 없다. 학원은 교육기관이기 때문에 이미지가 아니라 실제 학부모의 반응을 유도할 수 있는 전단지가 좋은 전단지이다. 궁금증을 유발하게 만들 수 있다면 더욱 좋다. 특히 인지도가 없는 학원에서는 다른 학원과의 차별화된 부분을 강조하면서 학원에 대한 정보를 명확하게 전달해야 한다.

전단지는 단순히 학원을 홍보하는 것부터 신입생 모집, 전시회나 각종 행사 등을 알리는 것까지 그 목적에 따라 종류가 다양하다. 어떤 전단이든 학원의 개성과 고유의 이미지를 담을 수 있도록 디자인에도 신경을 써야 한다.

<전단지, 전시회 포스터 예시>

효과적으로 전단지의 내용을 구성하는 방법을 소개하자면 '결과, 신뢰, 제안, 안심' 이 네 가지의 핵심요소가 꼭 들어가야 한다. '결과'는 교육에서 얻는 이득이나 메리트를 구체적으로 설명하는 것을 말한다. 특히 이 부분은 광고의 헤드라인에 해당하는 부분이기 때문에 선택에 가장 심혈을 기울여야 한다. 일반적으로 잘 쓰지 않는 새로운 표현을 사용하되 길거나 장황하면 안 된다. '신뢰'는 학원에 대한 객

관적인 평가나 공인된 기관의 인증을 넣는 것을 말하며 학부모의 신뢰감을 상승시켜주는 역할을 한다. '제안'이란 거부할 수 없는 제안 또는 신청하지 않았을 때 손해를 보는 것처럼 느끼게 만드는 것이다. '안 보면 큰일 납니다!', '나만 빼고 다 아는 비밀?'과 같은 문구가 그런 것이다. 물론 학원은 일반 판매업종과 다르기 때문에 학부모의 공통된 요구를 반영해서 카피나 내용을 작성한다. 마지막으로 '안심'은 전단지 안에 다른 고객의 사례나 후기를 넣어서 상품의 가치를 다른 사람의 입을 빌려서 광고하는 방법이다. 실제로 재원생의 학부모에게 미리 학원에 대한 후기나 긍정적인 내용의 문자, 편지 등을 받아 놓는 것이 도움이 된다. 이 방법은 학원의 칭찬거리를 만들기 위해 더 열심히 하는 효과를 가져 올 뿐만 아니라 충성하는 학부모를 포섭하는 면에도 유용하다.

<새학기 전단지 예시>

지금까지 설명한 전단지 제작 방법을 적용해서 눈에 띄는 이미지를 배경으로 전단지를 제작해 보기 바란다. 이 모든 요소가 제대로 표현된 전단지를 만들어 배포한다면 아마도 곧장 쓰레기통에 들어가는 일은 없을 것이라 확신한다.

고객의 관심을 끄는 전단지를 만들었다면 그 전단지를 어떻게 배포해야 할까? 전단지는 기본적으로 직투, 게시대, 문어발, 신문 삽지, 전봇대에 붙이기 혹은 길에서 직접 나눠주는 방법 등이 있다. 나도 이런 방법들을 전부 시도해 보았다. 하지만 여러 가지 방법을 사용해도 전단의 효과는 비슷했다. 미술인답게 좀 더 창의적이고 재미있게, 무엇보다 효과적으로 배포하고 싶었다. 그래서 생각한 것이 대학로 공연 광고에서 힌트를 얻어 버스 정류장이나 사람이 많이 모이는 곳에 벽보처럼 20여 장을 빼곡히 붙이거나 사람들이 다니는 길바닥에 카펫처럼 붙였다. 그리고 학부모와 아이들이 많이 있는 놀이터의 의자나 정자에도 전단지를 붙여 보았다. 이렇게 하면 일단 사람들의 눈에 잘 띄고 장시간 전단을 훑어볼 수 있게 만드는 효과가 있다. 하지만 관할 관청에서 전화가 오거나 아파트, 공원의 관리소로부터 항의 전화를 하기도 한다. 요즘은 특히나 부착물에 대한 단속이 심하다. 붙였다 떼기를 반복할 수도 있지만 효과적인 홍보를 위해서라면 이 정도 희생은 감수해야 하지 않을까? 진심으로 죄송한 마음을 담아 상냥한 목소리로 사과하고 양해를 구한다면 다음부터 하지 말라는 경고를 받고 별 무리 없이 넘어가는 경우가 많다. 이색적인 배포는 고객의 눈길을 사로잡는다는 것을 기억하자. 잠깐의 수고와 새로운 발상은 더 많은 사람들을 학원으로 불러 모으는 역할을 할 것이다.

현수막

현수막은 사람들이 많이 다니는 길목이나 차량에 부착한다. 눈에 잘 띄는 색상이나 디자인으로 제작해야 눈길을 끌 수 있다. 현수막에는 잠깐 스쳐가는 몇 초 사이에 사람들에게 기억될 수 있도록 최대한 간결하면서도 인상적인 문구를 사용해야 한다. 오래 기억되는 현수막을 만들려면 사실을 전달하는 문구만 게재하기보다 재미있는 문구로 한 번 더 보고 싶게 만들거나 시리즈로 제작해서 호기심을 유발하는 방법을 시도하는 것도 좋다.

예를 들어, 3월 신학기에 '○○미술학원 원아모집!'처럼 딱딱한 문구보다 '앗싸~! 나도 이제 1학년! 입학을 축하합니다.' '엄마! 나도 필아트 미술학원 가고 싶어요!' 등의 편안하고 유쾌한 문구를 사용하자. 아동 미술학원의 장점인 친근함과 편안함을 어필하는 것이다. 더불어 실력을 향상시키는 부분을 강조하고 싶다면 방학 특강 때 '여름방학엔 필아트에서 미술 실력을 뿅~ 튀겨볼까?'처럼 재치 있는 문구로 현수막을 제작하는 것도 좋다. 너무 가벼운 느낌이 싫다면 '게임보다 더 재미있는 필아트 여름특강!'과 같이 아이들의 기대감과 흥미를 유발하는 문구도 바람직하다.

조금만 생각을 바꾸고 몇 분 더 고민해 보면 훨씬 색다르고 효과적인 현수막을 만들게 될 것이다.

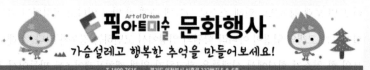

<현수막 예시>

캐치프레이즈

캐치프레이즈는 다른 사람의 주의를 끌기 위해 사용되는 문구 및 문장으로 표제, 또는 헤드라인이라고도 한다. 이것을 전문적으로 만드는 카피라이터라는 직업이 따로 있을 정도로 광고에서 가장 중요하게 사용되는 수단이다. 사실 전문가가 아닌 이상 사람의 마음을 움직이는 문구를 척척 만들어내기는 쉽지 않다. 전단지와 현수막에 들어가는 핵심적인 문구, 즉 캐치프레이즈를 어떻게 만드느냐에 따라 고객이 한 번 더 미술학원을 기억할 수 있기 때문에 절대 놓쳐서는 안 된다. 생각하고 고민해서 가장 효과적인 캐치프레이즈를 만들어 보자.

마케팅에서 흔히 고민하는 시간과 버려지는 시간이 비례한다는 얘기가 있다. 고민 없이 바로 만든 것은 바로 버려진다는 뜻이다. 개그 프로그램의 유행어나 드라마의 대사를 응용하면 처음에는 이목을 끌 수는 있지만 내용과 무관한 카피인 경우 가볍게 보일 수 있고 신뢰를 잃을 수도 있다.

그렇다면 어떤 캐치프레이즈가 가장 효과적일까? 가장 좋은 캐치프레이즈는 고객의 니즈를 반영한 것이다. 고객의 바람이나 고민을 찾아서 그 부분을 부각시키려면 먼저 고객의 입장에서 보는 시각이 필요하다. 학원에서 아이들과 학부모를 대하다 보면 오랜 경험으로 인해 스스로 그들에 대해 잘 알고 있다고 착각하기 쉬운데, 실제로는 고객의 입장이 아니라 학원의 입장에서 고민하는 경우가 많다. 실례로 일본의 한 청소기 회사에서 신제품을 광고하기 위해 캐치프레이즈를 만들어서 홍보했다. 회사는 신제품의 성능이 이전보다 훨씬 개선된 점을 어필할 수 있도록 '청소기의 혁명! 고성능 신개념 청소기 탄생!'이라는 문구를 사용했다. 그러던 어느 날 청소기를 구입한 고객으로부터 "이렇게 조용한 청소기는 처음 봐요. 밤에 청소해도 좋겠어요."라는 말을 들었다. 아파트에는 맞벌이하는 가정이 많아서 밤에 청소기를 돌려야 하는데 소음 때문에 이웃에게 피해를 주는 것을 우려해서 청소기 사용을 자제하는 경우가 많다. 그런데 새로 출시한 청소기는 소음이 적어서 그 부분이 고객 입장에서 가장 큰 장점으로 느껴진 것이다. 회사는 고객 의견을 참고해서 새

<캐치프레이즈 예시>

로운 캐치프레이즈를 만들어 홍보했고, 그 결과 매출을 크게 올릴 수 있었다.

앞으로 캐치프레이즈를 만들 때 학원의 입장이 아니라 아이와 학부모의 입장에서 그들의 바람과 고민에 대한 해결책을 제시해 주는 내용인지를 반드시 체크해 보아야 한다.

캐치프레이즈 작성 노하우

1. 상품 또는 서비스의 특징을 어필하자.

2. 그 특징이 고객(학생과 학부모)에게 어떤 이득을 주는지 알려주자.

3. 학원의 가치를 메시지에 담아 전달하자.

4. 경쟁 상대의 캐치프레이즈가 무엇인지 파악하자.

5. 차별화되는 나만의 캐치프레이즈를 만들자.

※ 좋은 캐치프레이즈는 호기심을 유발시키고 믿음과 확신을 심어준다.

학원 차량 광고

차량을 운행하는 학원이라면 학원 차량을 이용한 광고를 하게 된다. 차량 광고는 일종의 이동식 광고로 노출 시간이 짧기 때문에 학원의 특성을 살려서 눈에 잘 띄는 이미지나 간결한 문구를 사용해야 한다.

지역 내 여러 곳을 운행하는 학원 차량은 비교적 효과가 높은 광고 수단이다. 따라서 여러 가지 아이디어를 동원하여 특별하고 눈에 띄는 홍보물을 부착해서 이동 홍보수단으로 활용해 보자. 눈에 띄는 디자인과 흥미를 유발하는 문장을 사용하고 내용도 1탄, 2탄 등 시리즈로 연결되도록 광고를 제작해서 계속 바뀌는 현수막에 관심을 갖도록 유도한다. 이렇게 주의를 끄는 마케팅을 하다 보면 학부모의 궁금증을 유발하고 자연스럽게 인지도를 높여 준다.

차량에 부착하는 현수막은 이동하는 수단이기 때문에 큰 글자와 깔끔한 디자인으로 만들어야 내용이 제대로 전달된다. 고층 아파트의 높은 층에서도 잘 보이도록 차량 지붕에 학원 이름과 전화번호를 크게 넣기도 하고, 학원 분위기에 맞게 차량 전체를 래핑해서 학원의 개성을 보여주기도 한다.

주·정차할 때도 사람들이 많이 다니는 곳이나 아파트 입구, 학교 정문이나 유치원 입구에서 잘 보이도록 홍보물을 부착해 놓으면 지나가는 학부모들의 눈에 잘 띄어 홍보 효과를 극대화시킬 수 있다.

학원의 메시지와 브랜드를 최대한 많이 노출시키는 것은 무의식 중에 학원을 홍보하는 훌륭한 방법이다.

온라인 홍보

온라인 홍보는 홈페이지, 카페, 블로그, 밴드 등 각종 온라인 커뮤니티와 SNS, 모바일 앱, 유튜브 동영상 등 다양한 매체를 활용한 홍보 방식이다. 현수막이나 전단지와 같은 전통적인 홍보 수단도 여전히 사용되지만 젊고 새로운 생각을 가진 원장들 사이에서는 온라인 홍보가 점점 더 활성화되는 추세이다.

학원 홈페이지를 만드는 것은 비용이나 관리 면에서 부담스럽다 보니 블로그나 카페를 이용하는 경우가 많고 SNS도 즐겨 사용하는 수단이다. 블로그나 카페를 이용한 마케팅의 경우 관련 검색을 했을 때 내가 운영하는 학원이 노출될 수 있도록 포스팅을 하는 것이 중요하다. 일반적인 검색에서 잘 노출되게 하는 효과적인 글쓰기 방법은 다음과 같다.

1	1개의 포스팅에 1개의 메시지만 담는다.
2	서론에서 기대감이나 호기심을 유발한다.
3	논문처럼 쓰거나 어려운 단어를 쓰지 않는다.
4	사진 최소 5장, 텍스트 500자 이상은 기본으로 쓴다.
5	블로그 관련 글의 URL을 입력하여 체류 시간을 늘린다.
6	덧글, 공감, 이웃추가를 유도한다.
7	동영상이나 파일 추가를 하여 포스팅 용량을 늘린다.

〈온라인카드 뉴스 예시〉

최근 소셜 네트워킹 서비스(SNS)는 가장 각광받는 홍보 수단이다. 페이스북, 트

<SNS 홍보 예시>

위터, 카카오스토리, 인스타그램 등 그 종류와 특성이 매우 다양하다. 스마트폰 사용자가 늘어나면서 통화 외에 대부분 통신이 SNS로 이루어지기 때문에 갈수록 그 활용도가 높아지고 있다. SNS를 이용한 마케팅은 기존의 일방적인 마케팅과는 그 성격이 다르다. 전단지나 현수막 등은 일방적으로 학원에서 전하고 싶은 내용을 전달하는 오프라인 형태지만, SNS는 소통과 참여, 개방과 공유를 중요한 가치로 하는 수단이므로 단순히 광고를 하려는 측면으로 접근하면 오히려 부작용을 낳을 수 있다.

학부모는 SNS를 통해서 정확한 교육정보와 자녀의 학습정보를 얻고자 할 것이고 요구사항을 그때그때 어필한다. 따라서 SNS는 단순한 학원 홍보보다 학부모의 이야기를 경청하고 피드백해서 소통하는 수단으로 활용해야 한다. 필아트의 경우 아이의 포트폴리오를 모바일로 제공하는 시스템을 갖추고 있지만, 그런 수단이 없다면 SNS를 재원생의 포트폴리오로 사용할 수도 있다. 여기서 유의해야 할 것은 자칫 SNS로 인해 부정적인 측면의 파급효과가 커질 수도 있기 때문에 항상 긴장감을 늦추지 말고 진정성과 진심을 담아 소통하고자 노력해야 한다는 점이다. SNS는 꾸준히 관리하지 않으면 차라리 안 하는 것이 나을 수도 있다. 홍보 방법을 시도하기 전에 충분히 숙고해야 한다.

미술학원 성공 NOTE

똑똑한 SNS 활용법

- 프로필에 학원 이미지와 교육 내용, 학원 홍보문구를 등록한다.
- 학생들과 학부모의 전화번호를 그룹으로 분류하여 관리한다.
- SNS로 학원의 공지사항, 교육정보, 교육후기, 일정, 성과 등을 알린다.
- 수업 모습이나 선생님과 찍은 사진, 동영상 등을 SNS에 업로드하고 학부모와 공유한다.
- 일회성에 그치지 말고 꾸준히 소통하되 차별적이거나 진정성 없는 태도로 역효과가 나지 않도록 유의한다.

Chapter 06

Dreams
come true

꿈을 이루다....함께 그리고 멀리!

백 번의 고민보다
한 번의 실천이 중요하다

공부하고, 결심하고, 곧장 실천하기

많은 원장과 지인으로부터 가장 잘하는 것이 무엇이냐는 질문을 들을 때가 종종 있다. 솔직히 나는 부족한 부분이 많다. 예술적으로나 교육적으로나 혹은 사업적으로 어느 한 부분도 월등히 뛰어나지 않다. 그래도 다행인 것은 부족함을 나 자신이 잘 알고 있다는 사실이다. 부족한 부분을 인정하면서 항상 그 부족한 부분을 채우려고 공부했고, 배운 것을 실천했다.

이혜진은 똑똑하겠지? 남다르겠지? 이렇게 생각했다면 오산이다. 앞에서도 강조했듯이 나는 똑같이 학습했을 때 남들이 열 가지를 알면 고작 한두 가지를 기억한다. 차이점이 있다면 한두 가지를 바로 현장에서 실천한다는 점이다. 그것도 미루지 않고 즉시 실천한다는 것이다.

당신은 '72시간의 법칙'을 알고 있는가? 자신이 결심한 일을 72시간, 즉 3일 이내에 행동으로 옮기지 않으면 그 일은 성공할 가능성이 없다. 더 나아지고 싶고 성공하고 싶다면 지금 바로 결심하고 실천해야 한다. 알고 있으면서 실천하지 않았던 일들을 결심한 즉시 실행에 옮겨야 한다. 성공하는 사람들의 공통점은 '생각'만 하지 않고 '실천'에 옮겼다는 점을 반드시 기억하자. 거기에 더해서 실천하는 것을 습관으로 만든다면 나중에는 몸이 먼저 움직일 것이다.

고이면 썩는다. 계속 흐르는 물이 돼라

하루 중 가장 많은 시간을 나와 함께 보내는 필아트 에듀의 가족들은 이 부분에서 많이 힘들 것이라 생각된다. 익숙한 일을 반복하는 것은 쉽지만 계속해서 변화를 추구하고 새로운 일을 시작하는 것은 절대 쉬운 일이 아니다. 그것을 알면서도 고인물이 되어 썩을 수는 없기에 계속 흐르는 쪽을 택할 수밖에 없었다. 실제로 나는 그때그때 떠오르는 아이디어, 강연과 책을 통해 배운 것 중 현장에서 실천 가능한 부분을 망설임 없이 회의를 통해 공지하고 일을 배분하여 추진한다.

예를 들어, 미술 교육의 미래 가치에 관한 학부모 교육이 얼마나 중요한지 알게 됐다면, 학부모의 마인드를 바꿔주는 강의를 계획한다. 곧바로 회의를 통해 이 강의에서 얻는 효과와 비용을 산출하고 구체적으로 실천할 수 있는 계획을 세우고 시작 날짜를 정한다. 그런 다음 강사와 강의 장소를 섭외한 뒤 바로 공지한다. 이 모든 과정은 보통 며칠 내로 이루어진다. 짧게는 하루 안에 일사천리로 진행되는 경우도 있다. 이는 업무의 효율적인 분담과 맡은 일을 성실히 수행하는 동료들이 있기에 가능한 일이다. 그래서 내가 교육을 받거나 강의를 듣고 오면 직원들은 이번엔 어디서 또 무슨 일을 벌일지 기대 반, 걱정 반으로 나를 바라보곤 한다.

이렇게 소중하고 고마운 필아트 에듀 가족들도 내가 가장 잘하는 것은 배운 것을 실천하고 행동에 옮기는 강한 추진력이라고 말한다.

완벽주의자? NO!
최적주의자! OK!

과정을 즐기려면 최적주의자로 살아라

내게는 삶의 모토가 있다. 지금도 잘 못하지만 계속 노력하는 부분이기도 한데, 그것은 바로 '완벽주의자가 아니라 최적주의자'로 살아가는 것이다.

성격상 중간이 없어서 한 가지 일에 빠지면 완성될 때까지 몰입하여 빠져나오지 못한다. 완성할 때까지 마음이 조급해져서 어서 빨리 일을 끝내고는 싶은데 대충하기는 싫고 빠르면서도 완벽하게 일을 하려고 하다 보니 스트레스를 많이 받는다.

항상 더 열심히 노력하면 더 잘할 수 있다고 믿기 때문에 쉬지 않고 달린다. 그래서 결과지향적인 삶을 살게 되었고 빠르게 진행하는 과정에서 놓치는 부분이 너무도 많았다. 과정을 즐기며 뒤를 돌아보고 함께하면 인생이 훨씬 풍요롭고 아름다울 텐데 말이다. 실제로 건강을 돌보지 않아서 스스로 미안할 정도로 건강이 나빠졌던 적도 있고, 일에 파묻혀서 아직 어린 아이들에게 늘 미안한 마음을 갖고 사는 것도 그렇다. 그래서 좀 더 현명하게 시간을 배분하고 고쳐 나가야 할 부분이 많았던 것 같다.

얻는 것이 있으면 잃는 것도 있다. 때로는 너무 많은 것을 얻기 위해 애쓰다가 정작 잃어서는 안 되는 소중한 것을 잃을 수도 있으니 한걸음 멈춰서서 현재 상태와 스스로의 모습을 돌아보는 시간을 갖도록 하자.

아직은 나도 어렵게 실천하는 중이지만, 최적주의자로 조화를 이루며 살기 위해서 노력한다. 성공을 간절히 꿈꾸는 선생님이라면 브레이크 없이 무작정 달리지만 하지 말고 긍정적인 마음으로 과정을 즐기고 여유와 휴식을 소홀히 하지 않는 최적주의자로 살아가기 바란다.

성장하는 학원, 성공하는 원장, 그리고 자랑스런 선생님

일 잘하는 사람이 아니라 잘하도록 만들어 주는 사람이 리더다

지그 지글러^{Hilary Hilton Zig ziglar}와 짐 새비지^{Jim savage}는 〈사람을 다루는 기술〉이라는 책에서 최고의 실적을 위한 경영 공식을 다음과 같이 정리했다.

1. 기회가 있을 때마다 정직하게, 그리고 마음을 담아서 감사를 표시하라. 다른 사람들이 나를 중요한 사람으로 느끼도록 만들어라.
2. 과도하게 비판하지 말고, 저주하지 말며, 불평하지 말라.
3. 자존심보다 더 중요한 것은 실적이다.
4. 완전무결을 위해서 일하지 말고, 발전하기 위해서 일하라.
5. 문제 위주의 사람이 되지 말고, 해결 위주의 사람이 되어라.
6. 중요한 순서를 정해서 책임을 완수하고 시간을 투자하라. 무작정 노력하는 것만으로는 통하지 않는다. 좋은 결과를 만드는 것이 중요하다.

7. 책임을 완수하고 빈틈없이 해내라. 그렇게 되기 위해서는 수많은 시행착오와 훈련이 필요하다.

8. 자신의 단점을 인정하고 받아들여라.

9. 점검표를 만들어서 수시로 점검하라.

10. 주변 사람들이 어떤 일을 잘 해낼 때에는 반드시 그에게 감사와 격려를 표현하라.

리더는 단순히 남들보다 일을 더 잘하는 사람이 아니다. 다른 사람으로 하여금 그들의 일을 더 잘하도록 만드는 사람이 진정한 관리자이자 리더이다.

티핑 포인트를 찾아라

'티핑 포인트Tipping Point'는 어떤 상황에서 갑자기 눈에 띄는 성장을 이루는 시작점을 뜻한다. 학원을 열심히 운영해도 항상 제자리인 것처럼 느껴지고 눈에 띄는 발전이 없어서 힘에 부칠 때가 있을 것이다. 도대체 난 언제쯤 성공할 수 있을까? 학원을 운영하다 보면 언제 성공할지, 과연 내가 성공할 수는 있을지에 대한 궁금증과 의구심이 커진다. 학원이 성장하는 티핑 포인트를 알아보자.

학원 경영자로서 성공하는 첫 번째 티핑 포인트는 모든 생각이 고객에게 향하는 고객 중심의 경영을 실천하는 것이다. 철저한 준비와 생각을 실천으로 발전시키고 실천을 생활화해야 한다. 학생과 학부모를 먼저 생각하고 교육의 성과를 만들어내며 관리를 최우선으로 해야 한다. 구성원들의 협력과 열정이 극에 달하여 신바람 나게 일한다면 성과가 나타나는 것은 시간 문제다.

장사꾼은 돈을 보고, 사업가는 사람을 보고, 기업가는 시대를 본다고 했다. 장사꾼이나 사업가를 넘어서서 기업가의 마음으로 시장을 정확히 판단할 때 여러 가지 부문에 투자할 수 있다. 물론 이 투자는 성공으로 이어지도록 만들어야 한다. 그래서 과감하지만 절대적으로 신중을 기해야 한다.

마지막으로 혼자보다는 함께할 때 힘이 난다. 리더는 늘 외롭다고 말한다. 이 외로운 길을 의지하면서 함께할 수 있는 파트너, 먼저 이 길을 지나간 스승, 즉 멘토Mentor가 있다면 큰 위안이 될 것이다. 한 가지 알아둘 것은 멘토를 얻기 전에 스스로가 어떤 멘티Mentee가 돼야 하는지 알아보고, 멘티의 자격 요건을 갖추기 바란다. 그렇게 한다면 더 멋진 스승을 얻게 될 것이다.

※ 나의 멘토 '이나모리 가즈오' 회장에게 배우다

살아가면서 나에게 큰 영향을 준 멘토 중 한 사람인 이나모리 가즈오稲盛和夫 회장은 일본 교세라 그룹의 창업주이자 '살아있는 경영의 신'으로 불리는 사람이다. 내가 하는 일에 대한 욕심, 동기부여, 사명감 같은 것들은 그의 책을 탐독하면서 얻은 것이 많다. 혼자만 알기에는 너무 주옥같은 그의 가르침이 많아 꼭 소개해 주고 싶었다. 전 세계의 수많은 경영인에게 영감을 주고 올바른 방향을 제시해 준 그의 생각을 배워 험난한 난관을 헤쳐 나갈 지혜를 얻길 바란다.

그는 6남매가 있는 가난한 가정에서 태어나 심각한 폐결핵에 걸려 언제 죽을지 모르는 유년 시절을 보냈고 전쟁 때 폭탄을 맞아 집이 파괴되기도 했다. 중학교, 대학교, 취업시험 모두 낙방하는 실패를 겪으면서도 좌절하거나 포기하지 않았고 쇼후공업에 입사해 전공과 다른 업무였음에도 최선을 다한 결과 2년 만에 팀장 자리에 앉는다. 그는 이에 만족하지 않고 더 나은 연구와 제품 개발을 위해 1959년 직원 28명과 함께 3천만 원으로 주식회사 교토세라믹(교세라)을 세우게 된다. 그가 회사를 세울 때 많은 사람이 그를 따랐고 심지어 그의 상사조차 그를 따라 교세라로 이직하는데, '리더가 되기 전에 먼저 인간이 되라.'고 했던 그의 말처럼 인간적으로 사람들의 신뢰와 호감을 얻었기에 가능한 일이 아니었을까.

그렇게 세운 교세라는 현재 직원 수는 7만여 명, 연매출액 15조 원을 넘는 세계 100대 기업으로 성장해 있다. 창립 25주년 행사였던 1984년에 '1조엔 목표 선언'을 했을 때에는 직원들 모두 말도 안 되는 일이라고 황당해 했지만 모두가 나태하고 안주해 있던 IT 버블 시기에 실제 그 목표를 달성하게 된다.

더욱 주목할 만한 것은 설립 이후 단 한 번도 '적자'를 낸 적이 없다는 것이다. 불가능해 보였던 1조엔 매출을 이루고도 계속해서 상승곡선의 그래프를 그리고 있는, 정말 신화 같은 지속 성장을 이뤄낼 수 있었던 비결은 무엇일까? 지금도 많은 사람이 그 비결을 배우고 싶어 하고 따라 하려고 애쓴다.

구체적인 목표를 선언하고 동기부여를 통해 말도 안 될 거라 생각했던 신화를 이룩해 낸 이나모리 가즈오. 교세라 초창기 때부터 항상 그의 경영 이념은 '모든 사원의 행복을 책임지겠다.'였고, '최선을 다해라가 아니라, 완벽을 추구해라.'였다. 특히 자기 자신에게 필요 이상으로 엄격했는데, 그 이유는 사원 모두의 행복이 CEO인 자기 손에 달려 있었기 때문이며 전 사원의 신뢰와 회사의 성장 두 마리 토끼를 잡고자 노력했다.

그렇게 일군 교세라의 성공에 안주하지 않고 50대 후반에는 새로운 사업인 통신 분야에 뛰어들어 다이니덴덴(현 KDDI)을 세우고 연매출 50조 원이 넘는 거대 기업으로 키우기도 했다. 전 재산을 사회에 환원하고 불교에 귀의한 그는 2010년에 일본 총리의 간곡한 부탁으로 파산한 일본 JAL 항공사를 맡아 무보수로 일하기도 했는데, 경영 파탄으로 부채가 30조원이 넘었던 JAL을 불과 2년 만에 영업이익 2조의 흑자 경영으로 기적 같은 회생을 이루어낸 것이 그의 나이 76세의 일이었다.

한국과의 인연도 있다. 씨 없는 수박으로 유명한 우장춘 박사의 넷째 사위이며, 그가 사재 2천억 원을 털어 설립한 이나모리 재단에서 매년 인류 사회의 진보 발전에 공적이 있는 사람에게 수여하는 '교토상'의 아시아인 최초 수상자가 백남준이었다. 그는 또 축구 구단 맨유에서 활약하기 전 박지성 선수가 몸담았던 교토퍼플상가의 구단주이도 했다.

성공한 사람의 생각 닮기

　지금까지도 일본은 물론 우리나라와 세계 여러 나라에서 이나모리 가즈오의 경영비법을 분석하고 배우기 위해 수많은 책이 발간되고 있다. 대표적인 그의 경영철학으로 직원 한 명 한 명이 자기 회사에 대한 강력한 애사심과 '해낼 수 있다.'는 강력한 믿음으로 업무에 임하게 만드는 '아메바 경영'과 인생은 마음에 그리는 대로 이루어진다는 원칙에 입각한 '카르마 경영'이 있다. 이 경영 철학에서 공통적으로 강조하는 것이 있는데 그것은 바로 '사고법'이다. 성공할 수 있는 마음가짐을 가졌어도 어떻게 사고하느냐에 따라 그것을 이룰 수 있는지가 판가름 난다는 것인데, 그가 사고하는 방식을 일부 소개하니 읽고 스스로 적용해보기 바란다. 일을 대하는 그의 자세는 물론 진짜 성공, 즉 부와 명예뿐 아니라 내적인 성취감과 만족, 사회와 인류에 기여하는 것을 목표로 달려 나갈 수 있는 추진력을 얻을 수 있을 것이다.

자나 깨나 강렬하게 계속 생각하라

　생각은 씨앗이다. 씨앗을 심고 물을 주어야 뿌리가 내리고 줄기를 뻗어 꽃과 열매를 맺을 수 있는 것처럼 계속 생각해야 이룰 수 있다. 바라는 것을 이루기 위해서는 엄청나게 많이 생각해야 한다. 피가 온몸을 흘러 생명을 이어가듯 생각이 온몸을 흐르게 하라. 한결같이 강렬하게 하나만을 생각하고 진심으로 바라고 원하면 종국에는 그것이 잠재의식에까지 이르게 되고 결국은 그 일을 성취하는 원동력이 된다. 불가능을 가능케 하는 힘은 광기로 보일 정도의 강렬한 생각과 실현될 수 있다는 확고한 믿음, 그리고 전진하기 위한 노력이다. 이것이 삶과 일에서 성공할 수 있는 유일한 방법이다.

세심하게 계획하고 준비하라

실현 불가능해 보이고 다소 허황돼 보이기까지 한 발상은 성공한 사람들의 공통점이기도 하다. 중요한 것은 그런 생각들이 실현될 수 있을 거라는 낙관적인 생각을 갖는 것, 더불어 그런 생각들을 순수하게 지지해 줄 사람들과 의견을 나누는 것이다. 아이디어를 구상할 때는 최대한 낙관적으로 하되 그것을 계획하고 실천으로 옮길 때는 냉정하고 객관적인 태도가 필요하다. 비관론자처럼 일어날 수 있는 모든 위험성을 고려해서 신중하고 엄밀하게 계획을 세웠다면 그것을 실행할 때는 다시 낙관론자가 되어야 한다. 꼭 성공시킬 수 있다는 확신을 가지고 대범하게 실천으로 옮기는 것이다. 세심한 준비와 신중함 없이 용기만 있다면 그것은 단지 만용에 불과하다.

단념하지 않고 계속하라

때로는 아무리 노력해도 안 될 것처럼 보이는 일들이 있다. 교세라 이나모리 회장도 회사를 운영하면서 숱하게 겪었던 일이었지만, 그는 시도조차 하지 않고 포기하기보다 일단 도전하는 쪽을 택했다. 이유는 현재의 자신에게는 불가능해 보일지라도 미래의 자신에게는 가능한 일이라고 믿는 미래지향적 사고가 있었기 때문이다. 불가능해 보이는 일을 시작하는 시점부터 이제 나머지는 '하늘에 뜻에 맡긴다.'라고 말할 수 있을 때까지 필사의 노력을 쏟아 부어 결국 성공에 이르게 하는 것이다. 성공할 수 있는 일만 하는 것이 아니라 성공할 수 있도록 만드는 것, 그것은 포기하지 않는 꾸준함이다.

노력에 노력을 더하여 평범함을 비범함으로 바꾸라

화재 현장에서 생명을 구하는 일이나 아이를 구하기 위해 자동차를 번쩍 들어 올린 엄마의 초인적인 힘은 인간이 가지고 있는 잠재력이 얼마나 큰지를 보여주는 일례다. 평소에도 이런 잠재력이 발현될 수 있도록 스위치를 켜 놓을 수 있다면 얼마나 좋을까? 긍정적이고 적극적인 사고방식이 바로 그 역할을 한다. 생각의 힘은 우리의 가능성을 크게 증폭시키기 때문이다. 작은 공장으로 시작한 이나모리 회장도 세계 제일의 기업이 되겠노라고 호언장담했지만 현실은 달랐다. 눈은 제아무리 하늘을 향해 있어도 발은 지면을 딛고 있듯이 그의 꿈과는 거리가 먼 단순한 작업이 대부분이었고 꿈과 현실의 격차에 체념하기도 했다. 하지만 '우공이산(愚公移山 : 오랜 시간이 걸리더라도 꾸준히 노력해 나간다면 결국엔 뜻을 이룬다.)'이라 했던가. 미련할 정도로 한 가지 일에 매진하다 보면 산을 옮길 수 있을 정도의 결과가 나오는 법이다. 미래를 내다보며 조급해 하지 말고 오늘 하루하루에 충실해라. 그 하루하루가 쌓여 언젠가 나도 모르는 사이에 손이 닿지 않을 만큼 높이 올라가 있을 테니.

매일 창의적인 연구를 계속하라

재능이 뛰어난 사람들에게는 치명적인 단점이 있다. 자신의 능력을 과신해 오늘을 경시하고 빠른 결과만을 바라는 것이다. 성공한 기업의 간부는 사실 출중한 능력을 지닌 사원이 아닌 경우가 많다. 대부분 자기 할 일을 묵묵히 해 나가는 평범한 사람들이지만 쉽고 편한 길을 택하기보다 꾀부리지 않고 하루하루를 성실히 살아왔기에 비범한 사람으로 자리 잡게 된 것이다. 거기에 한 가지 더 필요한 것이 있다면 단순히 같은 일을 반복만 하는 것이 아니라 조금씩이라도 더 나아지게 개선하려는 노력, 즉 창의력 향상을 위한 노력이다. 어제의 노력에 창의적인 연구와 개선 의지를 곁들인다면 당신도 분명 크게 비약할 수 있을 것이다.

넘칠 듯한 꿈을 가져라

스스로 힘으로 자신의 인생을 창조해 가는 사람은 반드시 지나치다 싶을 정도의 큰 꿈이나 바람을 가지고 있다. 하지만 그 꿈을 생각으로만 품고 있는 것은 실현 가능성이 매우 낮다. 계속 생각하고 바라는 것을 입 밖으로 꺼내어 말하고 안과 밖이 그 생각으로 가득 차 잠재의식에조차 그 생각이 자리 잡고 있도록 만들어야 한다. 사과가 떨어지는 것을 본 사람은 많지만 거기에서 만유인력의 법칙을 생각해 낸 것은 뉴턴Isaac Newton뿐이다. 그것은 그가 잠재의식에 파고들 만큼 문제의식을 갖고 있었다는 의미이다. 창조적인 일을 하는 사람들이 말하는 영감도, 무릎을 탁 칠 만한 획기적인 아이디어도, 흔히 말하는 운빨조차도 꿈을 가지고 노력하는 사람들에게만 부여되는 특권임을 잊지 말자.

마음을 다스리는 말

이나모리 회장은 앞서도 말했듯이 리더가 되기 전에 먼저 인간이 돼라고 역설했는데, 스스로 유교와 불교 사상에 심취하여 진리를 탐구하고 인간 본성의 깨달음을 얻고자 했다. 인격적으로 훌륭한 인간이 되는 것이 성공보다 더 근본적인 인생의 목적이라고 생각한 그는 인격도야를 위해 마음을 수양해야 한다고 생각했다. 마음수양에 필요한 여섯 가지 정진은 다음과 같다.

- 누구에게도 지지 않을 만큼 노력하라.
- 교만하지 말고 겸손하라.
- 날마다 반성하라.
- 살아 있는 것에 대해 감사하라.
- 남을 위해 선행하라.
- 감성적인 고민을 하지 말라.

지극히 평범한 말뿐일지 몰라도 이 여섯 가지 정진을 날마다의 삶 속에서 실천하고자 노력했던 이나모리 회장처럼 우리도 자신에게 가장 자극이 되는 소중한 문구를 정해 매일같이 되뇌어 보자. 생각과 말과 행동이 달라지고 비로소 인생 전체가 달라지는 경험을 할 수 있지 않을까? 액자에 그냥 써 붙여 놓은 글은 단지 글에 불과하지만 조금씩이라도 평소 생활 속에서 실천한다면 삶을 바꾸는 커다란 힘을 발휘하게 될 것이다.

이나모리 가즈오 회장의 '말말말'

- 도전적이고 독창적인 일일수록 끈질기게 노력을 거듭해야 이룰 수 있다.
- 꿈을 실현하거나 목표를 달성하려면 때로는 현재 가진 능력 이상의 일에 도전해야만 한다.
- 마음속에 '반드시 할 수 있다.'는 신념이 있어야 장애를 극복할 만한 투지도 솟아난다.
- 모든 조직의 흥망성쇠는 그 리더에 의해 결정된다.
- 사람은 궁지에 몰려 전전긍긍하다가도 진지한 태도로 문제와 맞붙기만 하면 평소에 상상도 못 했던 힘을 발휘할 수 있다.
- 인생은 멋진 희망으로 가득하다. 끊임없이 꿈꾸며 낭만적이고 긍정적인 '사고법'을 유지한다면 미래는 활짝 열릴 것이다.
- 성실하게 최선을 다해 일하는 행위야말로 훌륭한 인간을 만드는 유일한 비결이다. 고생스러운 경험을 피하면서 훌륭한 인간성을 완성하는 사람은 없다.
- 인생과 경영에서는 100미터 달리기처럼 전력 질주로 계속 달리는 일이 결코 불가능하지 않다.
- '무슨 일이 있어도 정상을 오르겠다.'는 강한 의지를 품고 수직 등반의 자세를 유지해야 한다. 그것이야 말로 인생의 과업을 성취하는 지름길이다.
- 도전에는 '어떻게 해야 어려움을 극복할 수 있을까?' 하고 구체적인 대책을 궁리하는 과정이 반드시 필요하다.
- 나는 지금 인간으로서 올바른 일을 올바르게 하고 있는가? 스스로에게 물어보라.

당신도 꿈꾸는 리더가 되시겠습니까?

꿈을 꾸고 실천하는 당신이 아름답다

슈퍼 강사 김미경이 쓴 〈꿈이 있는 아내는 늙지 않는다〉는 나에게 많은 영감과 감동을 주었다. 많이 부족하고 어설프고 평범했던 내가, 늘 이룰 수 없는 뜬구름을 쫓았던 내가 달라지는 계기를 만들어 주었다.

세상에 대한 호기심이 많아서였을까? 어릴 때부터 유일하게 즐기면서 잘했던 것은 상상하고 꿈꾸는 일이었다. 언제나 하고 싶은 일이 너무 많아서 하고 싶은 일들을 생각하는데도 시간이 부족했으니 말이다. 지금도 꿈을 꾸며 그 꿈을 이루기 위해 목표를 향한 걸음을 내딛고 있다. 설령 내가 이루려는 꿈이 허황되거나 잘못된 방향으로 가더라도 크게 걱정하지 않는다. 나는 계속해서 꿈꾸고 배우고 실천하면서 어제보다 조금 더 나은 사람이 되어 가고 있을 것이다. 아직 커가는 과정에 있으므로 시행착오쯤은 충분히 이겨낼 수 있다고 확신한다. 그리고 희망한다. 언젠가는 그 꿈이 현실이 될 날을 말이다.

동굴 안에 갇혀 목도 못 움직이게 고정되고 오직 벽만을 바라보는 사람들이 있었다. 이들의 뒤쪽에는 불이 타고 있고, 이 불로 인해 이들 앞에는 그림자가 생긴다. 이들은 오로지 이 그림자밖에 볼 수 없다. 태어나면서부터 계속해서 이 그림자만 보았으니 이들에게는 이 그림자가 세상의 전부고 그림자만이 이 세상의 진실이라고 믿게 된다.

그러던 어느 날 이들 중 한 명이 우연히 풀려나고 그는 처음으로 동굴 밖으로 나가게 된다. 하지만 어둠 속에만 있던 그가 처음 본 햇빛에 적응할 수 있었을까? 처음으로 경험한 강렬한 빛에 눈을 뜰 수 없을 정도로 큰 고통을 느꼈지만 이내 그는 서서히 빛에 적응하게 된다. 밤의 달빛과 새벽녘의 빛을 거쳐 결국 태양 빛에도 적응을 하게 되고 동굴 속에서 자기가 본 것은 세상의 전부가 아니라 그저 빛이 만들어 낸 사물의 흔적에 불과한 것도 알게 된다.

그는 동굴로 돌아가 여전히 묶여 있는 사람들에게 자신이 알게 된 것들을 열심히 이야기했다. 하지만 다른 이들은 절대 그 말을 믿지 않는다. 그들은 오로지 그림자밖에 모르기 때문이다. 심지어 이러한 진리를 알려주려다 폭력의 위험에까지 이르게 된다.

'동굴의 비유'로 알려진 이 이야기는 플라톤의 저서 〈국가〉에 나오는데 소크라테스가 철학자의 역할을 말하기 위해 사용한 비유이다. 동굴에서 풀려나 빛과 진리를 본 사람은 리더다. 풀려나지 않은 채 계속 동굴 속에서만 살고 있는 사람들은 우매한 민중들이다. 빛은 진리, 어둠과 그림자는 무지를 상징하는데 무지 속에 있던 민중들은 자기가 본 것만 믿고 진짜 진리는 믿으려고 하지 않는다. 오히려 진리를 알려주려는 사람을 해치려고 하는데 이것은 리더의 고충을 의미한다. 진리를 설파했던 소크라테스가 국민을 미혹한다는 죄로 죽임을 당한 것처럼 리더의 길은 힘들고 고달프다.

미래의 미술 교육 가치를 깨달아 새롭고 앞서가는 미술 교육 시스템을 만들어 가는 것은 처음 본 햇빛에 눈이 멀 것 같은 어려움이지만 그래도 이 것이 진리임을 확신하기에 어려움을 극복해 나갈 수 있는 것이다.

리더의 길은 힘들고 고달프다. 하지만 한 명, 두 명 진리를 깨닫고 새로운 리더의 길로 들어서는 이들과 함께라서 계속 꿈꾸며 나아갈 힘을 얻는다. 꿈이 있는 사람에게만 미래의 길이 보인다는 말은 항상 굳은 믿음으로 내 안에 자리 잡고 있다. 이제는 거기에 한 가지 믿음이 더 추가되었다. 내가 걸어가는 길을 함께하는 이들이 있기에 절대 포기하지 않을 거라는 믿음이다. 당신도 함께 꿈을 꾸면서 끝까지 걸어가길 바란다. 언제 어디에서든 미술 교육 리더의 성공을 온 마음을 다해 응원해 줄 테니.

미술학원 성공 NOTE

- 배운 것을 즉시 실천하고 적용하는 태도가 이혜진을 만들었다.
- 결심한 일은 72시간 이내에 실천하지 못하면 실행이 어려워진다.
- 리더란 남보다 일을 잘하는 사람이 아니라 일을 잘하도록 이끌어주는 사람이다.
- 학원 성장의 티핑 포인트를 찾자.
- 꿈꾸고, 배우고, 실천하는 리더가 되자. 혼자가 아니라 함께!

Epilogue

나라는 사람을 한 문장으로 표현하자면 '능력도 안 되면서 욕심만 넘쳐나는 사람'이 아닐까 싶다. 어느 덧 중년으로 접어든 인생을 살아오는 동안 내 능력으로 할 수 있는 일보다 능력 밖의 일들을 해내려고 애쓴 시간들이 대부분이었고, 그래서 나의 역사는 늘 고단함의 연속이었다.

후회하지 않느냐고? 적당히 일하고 적당히 벌고 적당히 여유롭게 사는 것도 나쁘지 않은 삶이겠지만 적어도 나한테는 그 '적당히'라는 것이 통하지 않나 보다. 후회는커녕 여전히 내 머릿속은 어떻게 하면 지금보다 더 나아질 수 있을지에 대한 고민으로 가득 차 있고, 여전히 부정할 수 없는 오지라퍼로 하루하루를 살아가고 있다.

누구도 내게 부탁하지 않았지만 나와 같은 길을 걷는 이들이 내가 겪었던 시행착오들을 겪지 않으면서 좀 더 쉽고 편하게 이 멋진 일을 계속해 나갈 수 있도록 돕고 싶었다. 이상하게 들릴지도 모르지만 내가 맛본 성취감을 다른 이들도 느끼게 해 주고 싶었다. 제 아무리 큰 성공을 이루어도 그 순간을 함께 기뻐하고 축하할 이들이 없다면 무슨 의미가 있을까? 무대에서 최고의 공연을 펼쳤는데 박수소리는커녕 관중석에 아무도 없는 느낌이 그럴까?

고민과 아픔은 나눌수록 작아지고 성장과 기쁨은 나눌수록 커진다. 함께하는 것은 바로 그런 것이다. 내가 희생정신이 투철하거나 이타적인 사람이어서가 아니다. 단지 함께 나누는 일을 통해 결국 더 큰 기쁨이 나에게 돌아온다는 것을 아는 것뿐이다.

그렇다. 나는 욕심쟁이다. 나의 성공과 다른 이들의 성공을 모두 포기할 수 없는 무모한 욕심쟁이. 부족함을 극복하고 미술 교육시장이라는 무대에서 지금껏 최선을 다해 공연을 펼쳤다. 나를 향한 야유와 환호, 이 모두가 그저 감사할 따름이다.

하지만 아직 공연은 끝나지 않았다. 이 못 말리는 욕심쟁이 아줌마가 얼마나 더 해낼 수 있는지 끝까지 지켜봐주길 바란다. 커튼콜에서 반드시 기립박수를 받고 말 테니!